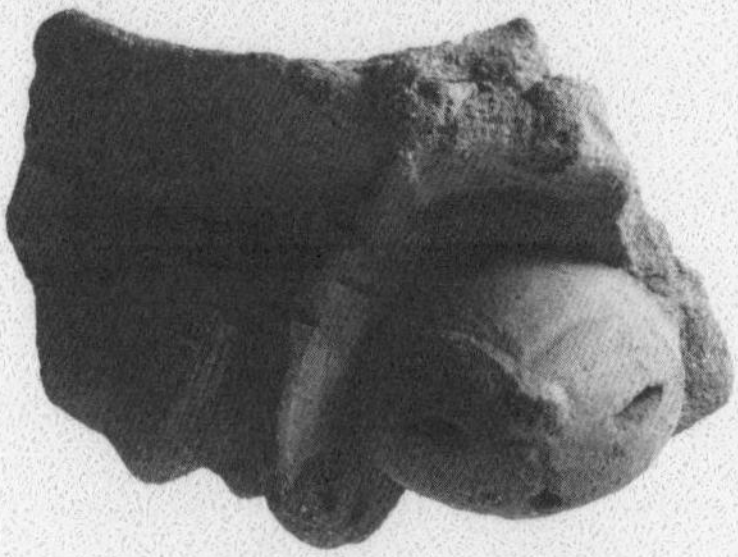

古代びと、祈りの風景

—生殖医学からのアプローチ—

江本　精

敬文舎

古代びと、祈りの風景

——生殖医学からのアプローチ——

江本　精

敬文舎

装丁
竹歳明弘（STUDIO BEAT）
編集協力
日向野和男（編集工房一生社）
阿部いづみ

はじめに

人はだれでも自分のルーツには、多少なりとも興味を示す。ルーツは出自や家系を意味し、遺伝学的にはＤＮＡの近縁性を示す血統のことだ。

人間は絶えずお互いの相性を見くらべようとするサルなのだ。子どもが生まれると「目はママ似で、口元はパパかな？」といったような会話は、どの家庭にも見受けられる。そこには人間社会のささやかな幸福感が映し出され、家族間の容姿を照合することで私たちは遺伝性をたしかめている。さらに、子どもを父母に会わせた際に、「顔つきがおじいちゃんに似てきたねえ」などのコミュニケーションは、遺伝性が三代にもわたっていることを確認しあう儀式のようなものだ。もともと、人間には人類学・遺伝学のセンスが生まれつき備わっているのだ。

長い年月をかけてそれぞれの個に受け渡されてきた形と精神を、太古の昔までさかのぼって探し求めたくなるという本能を体系化したのが、考古学であろう。とくに日本人は伝統的に、先祖というものを大事にしてきた民族の一系統で、その長い歴史が日本社会の深層をしっかりと形づくっているようだ。

私の場合は、古代遺跡や古い神社に足を踏み入れたときに感じるわくわくするような感覚と、「知らされていない」歴史の真実への探究心が、古代史研究のモチベーションとなっているようだ。

昔から、なぜか医者には多趣味の人が多いと言われる。医師であり作家という二足のわらじを履《は》く人も多い。医師には、人間観察という文系的要素と、医学的判断という理系的要素の両者が必要だからではないだろうか。これまでの民俗学研究でも、神が潜《ひそ》む大自然を、子を宿す母胎《ぼたい》や子宮《しきゅう》とたとえたものも多く見受けられる。しかし従来の民俗学だけのベクトルでは、古代社会は観念的なものとして収束してしまいがちである。

歴史学では、たとえ古代であっても、現実的な事象の蓄積を十分に考察する必要がある。それは、古代でも当然起こったであろう生殖医学の正常と異常、つまり、「子を産んだ」、あるいは「子を産めなかった」ことを専門的な眼差しでとらえることであり、この観点なくして古代史の真相は永遠に解決しないと思われる。

医学における私の専門は、産婦人科学・腫瘍《しゅよう》学・超音波医学で、いずれも長年の修練の結果、専門医資格を取得した。さらに生殖医学領域の研究では、病理学で医学博士を取得した。病理学に進んだ理由は、遺跡から出土した古い人骨を鑑定することが主題となった近代考古学の礎《いしずえ》は、もともとは病理学の医師が培《つちか》ったものだからだ。

これらのプロフェッショナル・ワークの利点は、人類学者や考古学者、あるいは歴史学者が決して遭遇することができないさまざまな生命の誕生の場、生命が脅《おびや》かされている状況、さらに、おごそかなる生命終末のシーンの実体験であろう。

何百人以上の妊婦を診《み》てきたが、丸々としたお腹をかかえた妊婦を見るたびに、私は女性のみがもつ生殖の神秘性に感動する。生命の本質である「遺伝子を伝える」「子孫をつくる」という大原則から古代の人びとの真実の営みをひもとくことは、古代史の解明に大きな光をもたらすであろう。

果物も、実と皮の狭い間にこそ栄養分が凝縮していて、そこがいちばん美味《おい》しいところという。私はかねてから、本職である医学と医療のかたわら、「考古学・古代史」という領域に強い興味があった。両者の隙間を埋めてみようと考えたのが、「生殖に焦点を当てた考古学」という着想である。この狭い空間には、きっとだれも気づくことのなかった古代の謎を解く重要な鍵がいくつも隠されている、と直感的に思っていたからだ。
「隙間学《すきまがく》」とは私が考え出した新語であるが、「これまで〝真ん中にいた人たち〟が踏み込んでこなかった、または入り込めなかったスペースから本質にアプローチする学び方」と定義した。学術用語でいえば、「学際的領域」という言葉が的を射ているかもしれない。つまり、伝統的な考古学者や古代史研究家たちが、専門外という理由でほとんど立ち入ることができなかった、ほぼ未知の領域を私は「生殖考古学」と名づけた。

生殖とは、我々生命体の継続を意味するので、人類学の主軸でもある。サイエンスは縦横しっかりと編み込んだものが理想形であり、私の提唱する生殖考古学は従来の縦糸に対する横糸でもある。――縄文人が縦横をみごとに編み込んだ精緻な籠《かご》をもっていたように。

なお、本書では、『古事記』『日本書紀』ほかに登場する神々の名前はすべて片カナで表記した。また、神々の名前は原則『古事記』に従った。

そして、本書で用いている「古代」とは、奈良時代以前の非常に長い時間をさしていることを断っておきたい。

「知性も大事だが、科学者になにより大事なのは感性だ。
美しいものを美しいと感じる「心」がなければ、科学をやる資格はない。
（野依良治　２００１年ノーベル化学賞受賞）」

序章 ═ 直感で古代をみる

想像力と直感力

私は少年のころから、謎に包まれた世界の超古代文明や日本の古代史が好きだったのだが、産婦人科の開業医であった父の意を受け継ぎ、同じ道を選んだ。しかし、父の意に反して実家の医院は継承せず、各種の専門医資格を取得しながら、医学部と大学病院の勤務医として、診療・教育・研究の仕事に携わっている。

医師、そして研究者として学びながらつねに私の心の片隅にあったのは、古代への憧憬《しょうけい》であった。私は、右脳が発達しているとも言われる生まれつきの左利きであり、物的証拠が少ない古代史の解明には、たくましい想像力と鋭い直感力が必要であることを感じている。長年の臨床と研究活動で培《つちか》った医学的、生物学的知識と、左利きの感性を結合することで、私は古代研究を進めているのである。

伝統的な考古学には弱点がある。それは、遺跡からの出土物の分析がなかなか進まないために公表できず、結果的に秘匿《ひとく》・散逸《さんいつ》されてしまうものが結構あるのではないかということだ。たとえば、どう解釈してよいかわからない文様や記号、まさか…と首を傾《かし》げるよ

吉野ヶ里歴史公園　復元された大型建物や高楼が並ぶ。ほかにもさまざまなエリアがあり、弥生時代が体感できる。佐賀県吉野ヶ里町

うな年代違いの土器の欠片《かけら》が、長い間、もしくは半永久的に、暗い倉庫の奥や研究室の片隅や引き出しの中に眠ってしまうというような状況がそれに当たる。

たとえば、文字がなかったとされる弥生時代の佐賀県吉野《よしの》ヶ里《がり》遺跡から出土した棺には、謎めいたシュメール文字様の刻印があるとか、同時代の砥石《といし》として保管されていたものがじつは硯《すずり》だったといったようなことである。

とくに縄文時代の小さな土偶《どぐう》などは、いつのまにか消失してしまったものが数多くあると聞く。つまり、この分野には、考古学の専門家、もしくは当事者以外は、一般公開されたものだけしか網膜に焼きつける

ことができないのか、という思いがつねに内在するのだ。

興味をもった対象になんらかの疑問点を見出したときには直感的なひらめきが有用であることは、多くの科学者の言葉からもわかる。知識偏重にならない若々しい好奇心というものを私は大事にしている。

産科医は「籠り医」

「お産は正常な行為」と思い込んでいる人も多いが、産科医療というのは、母体と胎児の二つ（双子であれば三つ）の大切な命を同時進行で管理するというたいへんな領域である。

産科医や助産師はその認識のギャップに日夜悩みつづけている。

きびしい現代医療では、産科（周産期科）は救命科との共通点が多いとも言われる。

私の父も産婦人科の一開業医であったが、なによりも産科の開業医がたいへんだと思うのは、お産に備えて一歩も外に出ず、病院内でひとりじっと待機している忍耐力が要求される点だ。

ゆえに、私は産科医のことを「籠《こも》り医《い》」と呼んでいる。いつ生まれるかわからないお産のため、ひとり静かに籠る。それが産科医の絶対条件であり、宿命でもある。

通常、臨月の妊婦が陣痛発来《じんつうはつらい》後に産院に入院し、赤ちゃんが生まれ出るまで、平均で一二時間くらいかかる。ほとんどの産科の開業医は何十年も仕事をしているので、お産のために院内に籠る時間を総計するとたいへんな長さになる。

赤ちゃんの誕生ほど喜ばしいことはないのだが、産科開業医にはなれなかった私には絶対にできない、長くてじれったい「引き籠り」なのである。

医者の間でもほとんど知られていないが、母胎《ぼたい》（子宮）での胎児の正常位置（頭位）を世界ではじめて発見して、難産に対する処置法を考案したのは、江戸時代の名医・賀川玄悦《かがわげんえつ》（一七〇〇〜一七七）である。彼が記した『産論』は、のちにシーボルト（一七九六〜一八六六）によって広く世界に紹介された。彼も究極の「籠り医」だったのであろう。

賀川玄悦（1700〜77）　江戸時代中期の医者で、世界ではじめて胎児の位置を発見した。国立国会図書館デジタルコレクションより

古代の未解決課題はなんでも祭祀

ところで、古代の遺跡からの出土物の多くは、すでに細かく破損していたり、何者かに破壊され欠損していたりして、原型をとどめていないものが多い。まるで超難解なジグソーパズルのようで、その復元作業に携わる研究者には頭が下がる思いである。

なんとか復元してみても、一見、その用途がはっきりしないものや、あまりにも実用的でないものもある。例をあげれば、ひとりでは持ち上げられないほどの大きさの銅鐸《どうたく》や銅《どう》鉾《ほこ》、土器に描かれた解読不明の線刻画《せんこくが》などがそれに当たる。

結局、解釈不明と判断された遺物は、未解決な課題として残される。それら「古代の謎」に対して、メディアで拝見する専門家のコメントは、「おそらく祭祀の際に使用されたものであろう…」というのがよくある落としどころだ。たしかにその多くは祭祀用であるかもしれないが、「とりあえず祭祀にしておこう」としてきた傾向がなきにしもあらずという印象を受ける。

つまり、あまり大胆なことは言えないので、「困ったら祭祀というバケツに入れとけ。

あとから分類する！」という古くからの整理の仕方なのであろうか。それらのなかには「国宝級」の遺物もあるかもしれないが、残念ながら部外者は出土物を見ることができないので、古代へのロマンや直感も使えない。

考古学者でありながら医学博士でもある大島直行《おおしまなおゆき》氏は、「考古学者は、時代を問わず、なにか解釈しにくい施設（遺構）や出土品（遺物）が出てくると、じつに気軽にアニミズムや『霊魂』をもちだし、『なんらかの祭祀が行われた』と論述するが、……本質的な追究が成されず、かつ具象性に乏しい」と批評する。

専門領域から少しはずれたところに

テレビのサイエンス系の番組を見ていると、「脳科学」や「認知科学」などと呼ばれる分野が非常にホットな状況にあることに気づく。これも、先進国では人間の寿命が予測以上に延びて超高齢化社会となり、加齢・老化というものがより大きな関心事になったからであろう。

人間はなんの病気もなく老人になれる人はきわめて限れられるので、加齢にともなう認知症や神経疾患の増加、筋力の減退、感覚器の衰えなどは、現代人の大きな悩みである。医者もまだよくわかっていない最後の未知の臓器といわれる「脳」は、まだまだ大きな謎を秘めているのだ。

医師である私は、これまで脳科学や認知科学という分野はある程度医学の範疇《はんちゅう》にあると思っていた。だが、最近の脳科学の特集番組には医者はほとんど出てこず、周辺領域に蠢《うごめ》くあらゆるタイプの若手研究家たちが論客だ。つまり、人体最後の臓器である脳の本体を暴《あば》くため、これまでは心理学系と位置づけられていた文系の研究者たちが、バーチャルなフェンスを乗り越えてどやどやと脳科学になだれこんで入ってきている。

それも、じつに楽しそうに屈託《くったく》なく自論を述べている。「脳ってホントにおもしろいなあ」とつぶやいているような感じでもある。妙な論法はないので見ていて愉快な気持ちにもなるが、これは番組の企画力・構成力が優れているからであろう。

したがって、日常の診療に追われる医者たちは、脳科学という畑が新分野の若手研究家によって自由自在に掘り返されているのを、あんぐりと口を開けて傍観しているような状況である。

具体的に言うと、この種の番組の出演者たちは、「このあたりについては専門のお医者さんに聞いてみないとわかりませんが……」などというフレーズはまず出てこない。

それは、先人たち・先輩たちに配慮してきた我々の世代にはいまひとつ理解できない感覚であるが、どことなく憎めない若い衆なのだ。おそらくその背景にあるのは、インターネットの発展による情報摂取の簡易さであろう。これまで専門家しか手に入れることができなかった秘匿的情報も、映像とともにスマートフォンの中にポンと受け取ることが可能な時代になり、もはや我々医師に尋ねる必要もないのかもしれない。

ＩＴはすべてがボーダレスという超情報社会を産み出した。希有《けう》な評論家である立花隆さん（一九四〇～二〇二一）も、「かなり難解だと思っていた医学論文も、読み込んでいけば意外に読みやすい」と、以前語っていたことを思い出す。

だが、ＩＴ社会は、トランプ前大統領のツイッターに代表されるように、情報の真偽がわからなくなるという「リアリティの虚構化」も生み出している。

さらにコンピュータサイエンス、ＡＩの急速な進展は、我々の予測をはるかに越えた膨大な情報量が、人間の脳の被膜を破って溢れ出ているようだ。

ただ、そのような超雑多で過密すぎる光景に対して、私は、新型コロナウイルスのパンデミック前の渋谷のスクランブル交差点を見るような気分で楽しくとらえている。プロとアマの垣根は、少なくともバーチャルなレベルでは、すでに完全に撤去された。

一人ひとりの人間の趣向や専門を超えて共鳴する仲間を探し出し、想像力を操って仮想的につながっていく、そういった新たな価値観を楽しむ時代がすでに到来しており、考古学という領域もそのなかに嵌め込まれているのではないか。

物証少なき学問には感性で

日本の考古学は、海外の古代遺跡を真摯《しんし》に発掘調査してきた長年の実績から、高い評価を受けてきた。だが、不思議なことに、肝心な国内活動となるといまだに手かせ足かせがあるようで、日本人のアイデンティティにかかわる古代の真相はまだまだ闇の中である。

その典型例は、建国の祖としてもっとも崇高な存在であるはずのイザナギ・イザナミ夫婦ではないだろうか。イザナギ・イザナミの実在性については神話の世界として安易に片づけられてしまっていて、ほとんど検証がなされていない。

さらに、だれもが知っている卑弥呼《ひみこ》がいた邪馬台国《やまたいこく》の所在地論争も、一〇〇年以上前からほとんど進展をみていない。その最たる理由は、言うまでもなく陵墓《りょうぼ》や同参考地には立ち入れないことに加えて、それらの信憑性《しんぴょうせい》にかかる疑義であろう。
日本人は歴史好きと言われるが、大人になってから学び直す機会（リカレント教育）が少ないのが残念だ。広い知性をもつ教養人が国のトップにいないことが、今回の新型コロナ・パンデミックの対応の未熟さにおいても指摘されている。
歴史にとって大事なのは記憶力よりも想像力、と言い放った人がいる。故堺屋太一《さかいやたいち》さん（一九三五～二〇一九）である。堺屋さんの歴史に関する名言がすばらしい。

歴史は楽しい。歴史は万人が楽しめる唯一の学問といえる。学校で習う歴史の授業は楽しくない。受験用に詰め込む歴史の勉強はひどく苦痛だ。ややこしい名称と数字の記憶を強要される歴史の授業は、だれにとっても退屈で腹立たしい。受験用につくられた学校の歴史教育は、忍耐と寛容の精神を養うことを目的としたものに違いない。わかりにくい人名や細かな年代などはほとんど必要がない。歴史にとって必要なのは記憶力よりも想像力のほうだ。

私はこのメッセージに強く共鳴し、新たなジャンルを推進する勇気をいただいた。物証が少ない学問の領域では知見を広範囲にひろいあげ、想像力をたくましくして直感的に類推することが大事である。

「生殖考古学」とは何か

また、二〇一九年秋、リチウムイオン電池という革新的製品開発でノーベル化学賞を受賞した吉野彰《よしのあきら》さん（一九四八〜）は、学生時代の二年間、専門外の考古学に没頭し、そこで培った洞察力や人間性がその後の化学研究に大いに役に立ったと率直に語っている。

吉野彰さんは、京都大学の学生になった最初の二年間は専攻した石油化学以外に教養課程の選択科目として考古学に打ち込んだ。彼は人間のいちばん古い歴史である考古学に興味があったという。そして、考古学同好会に入って京都や奈良の発掘現場に毎日通い、会長まで務めた縁で現在の奥さんと知り合った。

「考古学研究の宝探しみたいな感覚は、化学とよく似たところがある」と彼は言う。つまり、出土した土器などの物的証拠から仮説を立てて証明し、新しい型を見つければ通説は過去のものとなる。当時の京大の考古学研究会は、理工系学生も多く所属して活動的であったという。医学系研究者である私が考古学研究に入り込み、「生殖考古学」という新たな学際領域を提唱した理由は、まさにそこにある。

生殖考古学は、医学的に十分起こりえた古代人の妊娠や出産にまつわる悲喜こもごもの事象を推察し、封印されていた古代史に風穴を空け、隠されたり、消し去られたり、そして忘れ去られた古代の真実を解明しようとするものである。生殖考古学から古代に光をあてると、これまで荒唐無《こうとうむ》稽《けい》な神話や説話として一笑にふされ無視されてきた、古代日本の核心部の実像が炙《あぶ》りだされてくる。

吉野彰（1948〜）　2019年、ノーベル化学賞受賞。考古学研究と科学は似ているところがあると唱えた。

興味をもった対象になんらかの疑問点を見出したとき、私は「要はピンとくるかどうか」という直感を起点にしている。そこで瞬発的におもしろいと思えば、その研究へのスイッチを入れる。知識偏重にならないことが大事で、短期に結論を出せなくても、長い年月をかけてゆっくり、ゆったりと学習する「スロースタディ」は、私が中年になって命名した新語だ。「生涯学習」という言葉より義務感がなく、私は好んで使っている。

一方、二〇二〇年春、世界的パンデミック感染症となった新型コロナウイルス（COVID-19）に対する研究は、あらゆる研究機関が一体となり全力をあげて急ピッチで進める「クイックスタディ」だ。文明の破綻《はたん》、人類の危機という言葉に嘘《うそ》はない。中世のヨーロッパでも、六世紀以降の数次にわたるペストの大流行によって、文化・経済が大きく停滞した。今回の新型コロナウイルスのパンデミックも、近代文明の転換期になりそうな気配である。

私が産婦人科医師として駆け出しのころ、福岡市にある大学病院で診療の手ほどきをしてくださった先輩医師のひとり、井槌邦雄《いずちくにお》先生は、「どこから見ても産科の名人」であると私は胸の中でつぶやいている。先生は還暦を過ぎて『産科の了見』という本を上梓されたが、その中で、「産科医にとってもっとも大事なものはカン」だと言い切っている。

直感力を尊重するということは、「それぞれの直感力を鍛えてみよう！」という期待値でもあろう。

コラム　オーラル・ヒストリーの重要性

現状での日本の人類学と考古学、ひいては古代史の当面の課題は、ただひとつに絞れると思う。それは、陵墓を除いた全国に分布する王墓級の墳墓から、過去に出土し保存されている遺骨や歯のDNA（遺伝情報）を調べるかどうかである。支配者階級のDNAは、その民族のゲノムをある程度は表すはずだ。

いつの時代、どの地域、どんな社会においても、事の真相は文章にはあえて残さず、口伝《くでん》で伝えられる習俗・習慣があるようだ。この消えることのない因習《いんしゅう》は、「文字より前に言葉があった」という人類の進化の大原則を、我々現代人に再認識させてくれる。

たとえば、出雲《いずも》では古代の出雲王朝の家系が現在も継続され、彼らは口伝によって先祖代々、真実の歴史を語り継いできたという。出雲の語り部ともいわれるその特殊な任務を継承しているのは、オオクニヌシノミコトの直系となる「富家《とみけ》」という家系である。

彼らは出雲四五〇〇年とされる気の遠くなるような長い歴史を、一〇年ほどかけてすべて暗記して、口伝で語れるように教育されるという。その話は、現代の一般常識では信じられない。

確証が得られれば、間違いなく日本最長の口伝であり、ユネスコに登録されうる民俗無形文化遺産になろう。それも「口伝」という名で……。

出雲の富家の口伝の継承者は兄弟のなかからたったひとりだけ選ばれ、重要な継承事項はたとえ兄弟であったとしても他言無用の掟《おきて》を守って、つぎの代の継承者に語り継いでいくという。

オーラル・ヒストリーの重要性は、超高齢化社会となった現在の日本社会においても高まっているのではないだろうか。つまり、認知症はないが文字が書けなくなった高齢者や、なんらかの病気で記述能力が失われた人たちの語る史話は、それぞれの家族史を発掘させ家族の絆を高めるかもしれない。

『昭和天皇独白録』も、昭和天皇が昭和二一年（一九四六）に側近に対して語った談話をまとめた記録であり、比類なきオーラル・ヒストリーなのである。

第1章

古代社会を生殖の観点でみると

第1節――西洋の古代社会

われわれはどこから来たのか？

一九八七年一月一日、『ネイチャー』誌に掲載された「ミトコンドリアDNAと人類の進化」という論文が考古学と人類学に与えたインパクトは、とてつもなく大きなものとなった。

つまり、現存するすべてのホモ・サピエンスのミトコンドリアDNAが約二〇万年前にアフリカにいたひとりの女性にさかのぼることを科学的に明確に示したのだ。

その後、これを論破する人類学的研究は現れていないが、最近、ドイツのバイエルン州で一一六二万年前の類人猿の化石が出土したことで謎を深めた。人類の起源がアフリカ単一説からヨーロッパを含めた複数説に大変換するのだろうか？

これらの人類遺伝学研究の急速な進歩により、日本でも本のタイトルにホモ・サピエンスという語が入るだけで販売部数は飛躍的にふえるというが、現在、欧州はネアンデルタール人ブームのまっただ中にある。

ネアンデルタール人は不幸にも二万年ほど前に絶滅してしまったが、彼らは石器時代におもにヨーロッパで暮らし、かつては旧人と呼ばれていた。だが近年の分子遺伝学研究（DNA塩基配列の解析）によって、ネアンデルタール人は現代人であるホモ・サピエンスと交雑（婚姻）していたという驚くべき事実が判明した。

つまり、現代のユーラシア系の祖先をもつ人びとの全遺伝子の一・八〜二・六パーセントがネアンデルタール人の遺伝子に由来しているというのだ。

よってもともと日本人にはユーラシア系の血が入っているので、われわれはごくわずかにネアンデルタール人のDNAを保有していることになる。この人類史を大きく書き換えるエビデンスは、われわれ現代人の起源を改めて考え直すきっかけとなり、この解析技術研究者であるドイツのスバンテ・ペーボ博士は二〇二二年のノーベル生理学・医学賞を受賞した。現在、彼は沖縄科学技術大学院大学にも在籍しており、日本人の起源論にも興味をもっていただくことに期待したい。

今後も地球温暖化が進行すると、雪解けが加速することで発見されたヨーロッパの

ネアンデルタール人の埋葬墓（復元） 胎児のような姿勢で眠る（屈葬）。フランス、ラ・シャペローサン遺跡。「ナショナルジオグラフィック」2013. 12. 17より

五〇〇〇年前のアイスマン以上の驚くべき発見が相次いで起こるかもしれない。もしかしたら、ネアンデルタール人のミイラも地表に顔を出すかもしれないと、私はファンタジックに期待している。地球温暖化の副産物は、人類学のバージョン・アップをもたらすのであろうか。

ミイラが語る古代のパンデミック

古代エジプトのファラオのミイラの一部を現代医学で調査した結果、平均寿命は三五歳と推計された。

古代とはいえ、王の寿命がそれほど短かったことに驚かされたが、一般民衆の平均寿命はさらに短かったであろう。ただ、古代エジプトの傑出した王であったラムセスⅡ世は九〇歳で亡くなったと推定され、彼の永遠なる名声はその長寿からもたらされていたのであろう。

私も一九九五年、カイロでラムセスⅡ世のミイラを見ることができた。ミイラを古病理学的かつCT断層撮影装置による画像診断した結果と、レリーフ画などの美術遺産を考古

リヤド郊外の赤い砂漠に立つ筆者　外務省の在外医療使節団としてサウジアラビアを訪問。1999年

学的に検討した結果を総合すると、古代エジプトでは、結核のみならずポリオやペストなどの感染症も蔓延《まんえん》したことが推定されている。

そして一九九九年、外務省の在外医療使節団としてサウジアラビアとイエメンを訪問、休日には古代遺跡を探し求めて延々と広がる砂漠を日本のジープで彷徨《さまよ》ったことが、考古学をライフワークにしようと決意したきっかけとなった。

アイスマンに行ったCTスキャン

一九九一年、イタリア・オーストリア国境付近のエッツ渓谷で、考古学や人類学を塗りかえるような、とんでもない発見があった。標高三二一〇メートルの氷河で、約五三〇〇年前の人間の遺体（その後、アイスマンと命名）が登山好きなドイツ人の老夫婦によって偶然発見されたのだ。

考古学調査によって、このアイスマンは紀元前三三〇〇年ごろに生きていた四五歳前後の男性で、身長一五七・五センチ、後方から射たれた矢による殺傷が死因とされた。両腕と足には動物などを描いた見事なタトゥーがあり、発見場所にちなんで彼は現在「エッツイ」という愛称で親しまれている。

その後、エッツイのDNAが解析された結果、現代にも彼の親戚がいることが判明した。とくにオーストリアのチロル地方には近縁者が一九人も存在し、世界中に分布した欧州人のなかで先祖がエッツイにたどりつくかどうかの家系図づくりが盛んになった。すると、五三〇〇年前のエッツイの末裔《まつえい》とされる数多くの人たちが遠隔地に見出され、「まさかの遺伝」と驚く人たちも多くいた。

現代のCTスキャンは、アルプスで偶然発見されたアイスマンに対しても、その効力を十分に発揮した。CT撮影の結果、エッツイの膝《ひざ》と臀部《でんぶ》の関節の軟骨がかなりすり減って関節炎を起こしていたようだが、肩や肘《ひじ》・指の関節には異常が見当たらないことが判明した。さらに動脈硬化を起こしていた可能性も指摘された。

そこから導きだされた生前のアイスマンの生活は、狩猟採集民族ではなく、農耕牧畜社会の一員で、ときに重いものを運びながら絶えず移動する交易・行商の仕事に携わっていた可能性が浮上した。現代の先進的医学手法が遠慮なく使える古代医学の研究という範《はん》疇《ちゅう》は、じつにおもしろい分野である。

四〇〇〇年前の産科医療器具

男性性器の包皮を切除する行為（割礼《かつれい》）は、記録によれば、古代エジプト人が最初にはじめている。割礼のもっとも古い記録は紀元前二三〇〇年ごろのエジプト第六王朝にさかのぼる。熱帯や乾燥地帯に住んでいると包皮が長くかぶったままでは雑菌が繁殖して炎症を起こしやすく、衛生上の理由で割礼を行ったのではないかと推察されており、私も同意見である。男性への割礼は原始的医療のひとつといえるであろう。

割礼は、アフリカの一部の民族やミクロネシアの島々、そしてオーストラリアのアボリジニの風習など世界の広範囲に認められることから、エジプト文明の前から原始的に行われていた可能性がある。これらの風習は痛みをともなうので、男子が成人になるための通過儀礼なのであろう。その後、旧約聖書に割礼の記述があることから、ユダヤ教やイスラム教では信仰の一環として行われるようになったようだ。

エジプト文明は医療が最初に発展した文明で、その医療レベルは現代人のわれわれの想像をはるかに超えている。古代ギリシャのヘロドトスは、古代エジプトではすでに内科や外科・婦人科などの専門医がいたことを記している。人類の歴史上初の外科手術も、紀元前二七五〇年にエジプトで行われたとされる。

二〇〇一年、初期ピラミッドで有名なサッカラ近くから、四〇〇〇年前の医師の家の墓が発掘され、当時のメスやノコギリ・ピンセット・鉗子《かんし》などが出土した。これらの古代医療器具は、現代のものとくらべても遜色《そんしょく》がないことに驚嘆させられる。それらの写真を見た現代の高名な外科医は、「現代医療でも使用可能なほど精巧にできている」と信じられないような面持ちで語っている。

さらに、頭の血腫《けつしゅ》の除去手術を受けたとしか考えられないミイラの頭部が発見された。頭蓋骨には現代の手技と大差ない大小二つの穴が開けられていたのだ。

外科的手技が発達した理由のひとつとして、数百年以上絶えまなくつづく大ピラミッドの築造にあたって、多くの人夫に外傷事故が頻繁に起こったことがあげられる。

パピルスには、癌《がん》の処置法も記載されている。また、紀元前二二〇〇年のパピルスに、古代の女性死亡の一大要因であった妊娠高血圧症候群の最古の記録が記されているのも驚きである。出産の際に、へその緒を切断する「ペセシュ・ケフ」という魚の臀鰭《しりびれ》のような形をした特徴的な石器があったことも信じがたい。

ツタンカーメンの先天疾患と避妊

一九九五年にはじめてエジプトを訪れた際、カイロの巨大ピラミッドよりも強く印象に残ったのが、古都ルクソールのファラオ（王）が眠る王家の谷である。二〇世紀の大発見となった黄金のマスクが出土したツタンカーメン（紀元前一四世紀）の墓も訪れたが、一九歳という若さで亡くなった彼の墓に、二つの胎児のミイラが埋葬されていたことはあまり知られていない。

ツタンカーメンが早世した理由は、先天異常と思われる骨格異常があり、古代エジプトに多かった族内婚（近親婚）による影響ではないかと推察されている。その後の研究でも、ツタンカーメンは近親婚による先天的な影響から虚弱体質であったとされる。

結局、ツタンカーメンにはお世継ぎができず、王家の系統は途切れてしまうことになるのだが、私はカイロの国立考古学博物館を訪れた際に、彼の墓室から出土した身の回り品のなかにじつにおもしろいモノを発見した。それはツタンカーメンが使用していたとされる二種の避妊具だ。ひとつは魚のボラの肺（浮き袋）を加工したもの、もうひとつは細かな絹糸でていねいに編み込んだサックであった。

当時はすでに淋病《りんびょう》が流行《はや》っていたとされるので、感染予防として使用していた可能性がある。だが、どのように両者を使い分けていたかは不明である。

また、ギリシャ神話に登場する有名な神のひとりに、海から生まれた女神アフロディーテがいる。アフロディーテは、ローマ神話ではヴィーナスと呼ばれる。女神アフロディーテはキプロス島の守護神で、キプロス島南西海岸に位置する旧都パフォス（世界遺産）には、紀元前一二〇〇年（日本の縄文時代後期）に愛の女神でもあるアフロディーテ生誕を祝って建てられた巨大な神殿遺跡がある。

なんと、その神殿遺跡のご神体と伝わ

神殿遺跡のご神体　キプロス島のアフロディーテの神殿遺跡から出土したご神体といわれる黒い石。

る黒い大きな石は、女性の外陰の形をしている。

この黒い石に触ると子を授かるとの言い伝えがあり、まさに生殖を代表する伝承だ。ご神体の石が黒色であるのは、妊婦の外陰部が妊娠によるメラニン色素の沈着で黒ずんでくることに由来するのではないか。

ストーンヘンジは女性性器を表現している

世界遺産になったイギリスの有名な巨石遺跡のストーンヘンジはストーンサークル（環状列石）のひとつで、巨大な石が馬蹄《ばてい》状に配列されている謎の古代遺跡である。この遺跡は約四〇〇〇年ほど前（日本の縄文時代中期に相当）につくられた。じつは、日本の縄文遺跡から一七八か所もの多数のストーンサークルが発見されていることは、広く知られていない。縄文のストーンサークルの多くは、イギリスのストーンヘンジより一〇〇〇年ほどあとの紀元前三〇〇〇年ごろの遺跡であることは、何を意味するのか。

ストーンサークルの起源はまだ謎に包まれているが、一七万六〇〇〇年前のフランスのブルニケル洞窟奥から、加工した石を円形に並べたネアンデルタール人がつくったとしか

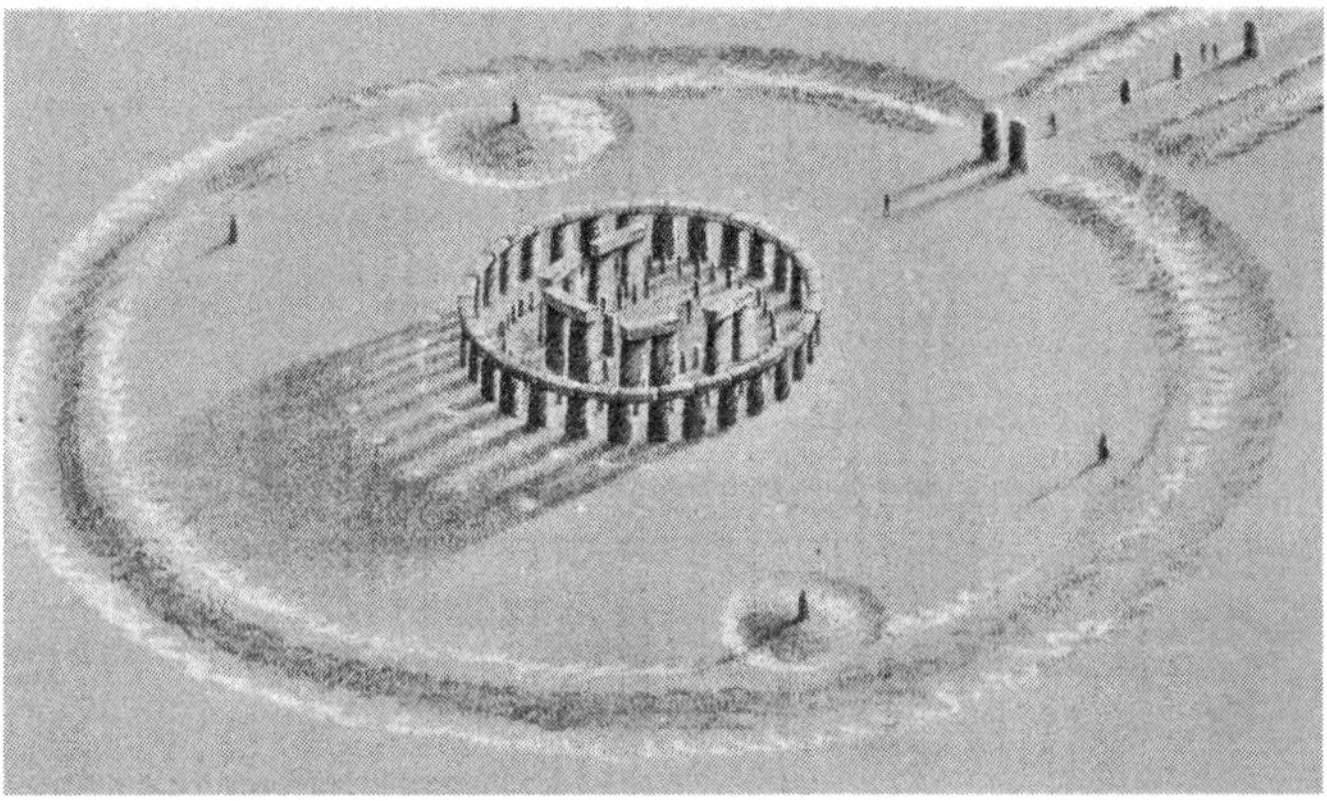

ストーンヘンジ（上）**と想像復元図**（下）　上は、イギリス南部ソールズベリー近郊に所在するストーンヘンジ。下は、その完成想像図（英国遺産より）。子宮を模倣した形状をしている。

考えられない四〇〇個近くのストーンサークルが発見された。欧州の先住民であったネアンデルタール人が、ストーンサークルのつくり方をあとからやってきたホモ・サピエンスに伝授したのであろうか。

では、ストーンサークルはなんのためにつくられたのか？　それは未だに解明されていないのだが、有力な説は、祭祀場説・天文台説（日時計説）・墓地説であろう。ほかには女性器をイメージしたとする説もある。いずれの説も説得力はあるが、私が注目するのは女性器説だ。

ストーンサークルを上空から見た形と大まかな構造が、女性器（子宮）に似ているからだ。当時の人たちは大地を女性と見立て、ストーンサークル内部に差し込むまばゆい太陽光線を男性の生殖能の原エネルギーと考えた。「天と地が交配した結果として、人間は大地から生まれ出る（地中発生説）」という原始の着想があったのではないか。

私はそれを確かめたくて、イギリス留学中の二〇〇〇年夏に家族を連れてストーンヘンジを訪れた。同遺跡を至近距離と近傍の丘の上からじっくりと観察した結果、やはりストーンヘンジは形状的に女性の生殖器に似ていた。つまり、円形のストーンヘンジは母胎である子宮を表し、北東側の切れ目は産道である膣《ちつ》を意味しているのではないか。その切れ

大湯環状列石　丸く並べた石の中央に巨大な石を立てている。大地を母胎にたとえた擬似生殖行為といえるだろう。秋田県鹿角市

目は夏至の日の出の方角にあたり、強い太陽光が一年でもっとも長く照射されるようにつくられた可能性もある。日光と大地の性交をイメージしたとするならば、宇宙的なスペクタクルだ。

さらに、ある種の縄文のストーンサークルのように、男性の陰茎にたとえた柱状石を中央部に突き刺すという大掛かりな疑似生殖行為が、ストーンヘンジの初期にも繰り広げられたのではないだろうか。

実際に、ストーンヘンジの狭い中央部には男根に見立てた祭壇石と呼ばれる背の高い石柱が建てられた跡があり、周囲の石柱近くで男根像が掘られた白

石棒　丸く並べた石の中央に、キノコ状の石を立てている。擬似生殖行為といえるだろう。縄文晩期。山梨県北杜市、金生遺跡

佐田京石（さたきょういし）**に立つ筆者**　縄文〜弥生時代の遺跡と推定されている、九州では数少ない環状列石。大分県宇佐市

亜も見つかっている。

長い柱状のものを男性性器に見立てて大地に突き刺す、または立てるという疑似生殖行為は、世界のあちこちの祭祀にその痕跡は見て取れる。日本では七年に一度行われる長野県の諏訪大社の御柱祭もそれに相当するという考え方もあり、私もその説を支持する。縄文文化と欧州のケルト文化には明らかな共通性があることは今や定説になっており、「魂は母胎（子宮）でのみ再生される」というプリミティブな信念が、人種や地域の枠を超え、古代の人間社会全体に浸透していたのであろうか。

太陽神アポロンと帝王切開

ギリシャ神話には、つぎのような生殖的神話が残されている。「太陽神アポロンは妻コロニスが人間と浮気しているのを知り、アルテミスに頼んでコロニスを病死させてしまう。しかし、このときコロニスは身籠《みごも》っていたため、不憫《ふびん》に思い、体内にいた息子をコロニスから救い出した」。この残酷な母子神話から見えてくることがある。

それは、たとえ母体は瀕死であっても「次世代の新たな生産者である胎児までも見殺しにしたくない」という考え方である。この着想は、すでに古代から芽生えていた人間の知恵でもあり、帝王切開のはじまりを物語っていると解釈できる。救い出された胎児はアスクレピオスで、彼はその後、医術を学び医神となったというエピソードはそれを裏付ける。

日本の民俗学研究においても、亡くなった妊婦のお腹から赤ちゃんを取り出すという習俗は各地に根強く残っていた。高知県では、鎌《かま》の柄《え》にカシの木を用いることを忌《い》む。その理由は、昔、妊婦が亡くなった際にカシの柄の鎌で胎児を取り出す習俗があったからだという。

「生殖考古学」の意義

私が唱える「生殖考古学」の意義は、人間社会でもっとも大事なことは、近代にいたるまで女性の死因の第一位は「妊娠・出産での異常」だったという歴然たる史実だ（世界最古の公的死因統計を公表したのはイギリスで、女性の死因第一位は「妊娠・分娩に関わる疾患」と記載）。つまり、多くの若い女性はお産の際に命を落としていたわけで、その不幸な妊娠の結末は、母子救命への貢献度を高めた近代医学が台頭する、つい一〇〇年ほど前までつづいていたのである。

結局、女性がほぼ安全に出産できるようになったのは、つい最近のことであり、現在でも開発途上国では、妊産婦の死亡率が高いままである。ちなみに、現在の日本の妊産婦死亡率（二〇二〇年）は一〇〇年間で一〇〇分の一に低下し、〇・〇〇三パーセントときわめて低率になった（最下位は南スーダンで一・二パーセント）。

コラム

家畜の繁殖を神聖化した古代モンゴル

大学病院に勤めていたころ、モンゴルから日本に医療研修を受けにやってきた若手女医がいた。直感的に彼女の学究心の高さを見抜いて子宮がんの研究指導をしたことがきっかけとなり、二〇〇八年から数回にわたってモンゴル国に招待された。

首都ウランバートルで、想像した以上の大歓迎を受け、国立医科大学やがんセンター・大学附属産科病院・産科母子医療センターで講演を行った。同地で医学セミナーも開催したが、モンゴル人の親日度は想像以上に高いことを肌で感じた。

モンゴル人は遺伝学的にも日本人と近縁で、それはヒト白血球抗原の型解析という研究成果によっても証明されている。最近の研究では、日本のすべての在来馬もモンゴル在来馬が起源で、対馬《つしま》を経由して全国に広がったとみられている。

ウランバートルでの講演を終え郊外の小さな博物館を訪れた際、とてもおもしろい出土品を見ることができた。それは、古代の遊牧民の墳墓に埋葬されていた小さな金細工で、大胆にもオスとメスの羊が交尾している姿を彫ったものであった。

家畜の生殖行為を表した古代の埋葬品を日本では見たことがない。連れていってくれたモンゴル大学教授は、その金細工を指さしながらニコニコと笑っていたが、私は動物の交配姿を貴重な金細工副葬品とした理由がしばらく理解できなかった。

その後、大平原で皆と車座になって羊肉のバーベキューをいただいた際にピンときた。モンゴルのような大平原に住む遊牧民族にとっては、人間の多産よりも家畜の多産のほうが重要であるということに私は気づいたのである。

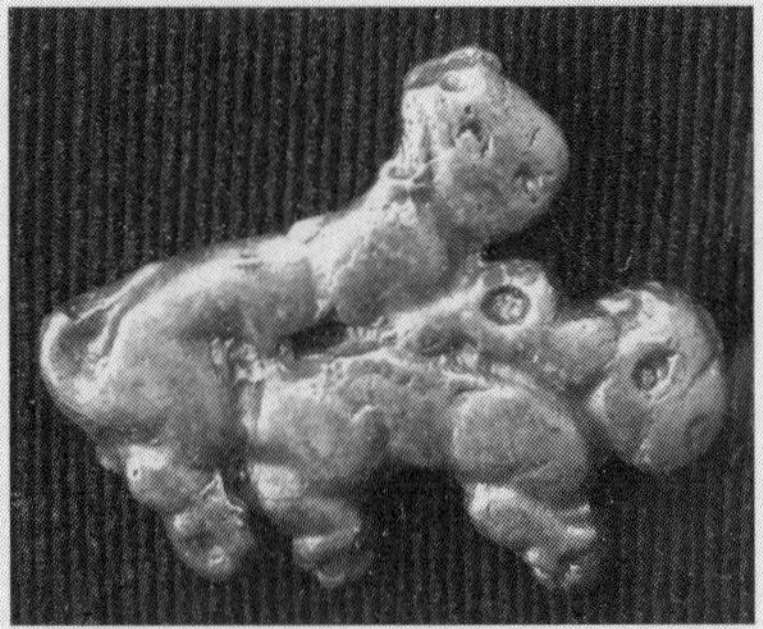

羊の交尾　モンゴルで購入した古代遺跡埋葬品のレプリカ。まさに力強い「生殖」を表現している。

その後、古代の動物画について調べ直していると、四〇〇〇年前のエジプト王朝のファラオの壁画に、家畜である牛が交尾している姿を発見した。現時点での動物画のルーツは、古代エジプトに遡ることにあらためて感動を覚えた。

コラム

「古病理学」の大きな成果

医学のなかに「古病理学」というマイナーな基礎分野がある。これは医学と考古学の間に橋渡しをした、現代考古学研究には決してはずすことのできない重要な領域である。

わかりやすく言えば、古代の死因を遺骨や遺体から調べるというものだ。「古病理学」のなかで大きな成果のひとつにあげられるのは、三七〇〇年前のエジプトのミイラに結核の痕跡をはじめて発見したことだ。これが世界最古の結核の物的証拠であり、古代エジプトでは脊椎《せきつい》結核が多く見られた。また古代エジプトの王だったラムセスV世のミイラの顔にはデコボコのあざのようなものが残っていて、天然痘《てんねんとう》の痕と診断されている。

振り返ってみると、人類（すべての動物）は感染症との戦いの歴史でもある。確証が得られているのは、古代エジプトでの結核からはじまり、紀元前一二世紀ごろからの天然痘、紀元前四三〇年ごろのギリシャのアテネでにおける悪疫、おそらく発疹《はっしん》チフスまたは麻疹《ましん》、西暦一六五年ごろの古代ローマでの天然痘の再流行とつづく。

日本の弥生時代の遺骨を考古学的に丹念に調べた結果、脊椎が壊死《えし》（乾酪《かんらく》壊死）を起こした遺骨がいくつか発見され、この病的変化は結核菌による感染の結果であることが判明した。いわゆる脊椎カリエスである。

現在までのところ、縄文時代の遺骨からはこのような脊椎は発見されていないので、結核は弥生時代に未知の病として日本列島に到来したと思われる。結核はもともとは牛の家畜化とともにその結核菌が人間に感染するようになったことがはじまりで、石器時代のエジプトから地中海沿岸部にかけてが起源とされる。

結核が蔓延すると、女性の生殖器にまで感染が広がることがあり（性器結核）、妊娠・出産に悪影響を与えることになる。肺の病巣からお腹の中を伝播して骨盤内の卵管に達すれば、不妊症の原因にもなる。結核の原因は一八八二年にロベルト・コッホがはじめて結核菌を同定するまで、長い間つきとめることができなかったことも加筆しておきたい。

第2節――日本の古代社会

古代神話ができた本当の理由

日本神話は、童話のようにさまざまな動物が登場するところがおもしろい。神武《じんむ》天皇の東遷《とうせん》を導いたヤタ烏《がらす》、トヨタマヒメのお産には鵜《う》と蟹《かに》、最後には鰐《わに》（鮫《さめ》）まで登場し、ヤマトタケルの亡骸《なきがら》が白鳥へと化身《けしん》するなど、バラエティに富む。もっとも多く登場する動物は蛇《へび》であろうか。

日本神話に限らず、世界中に残る古代のあらゆる神話にはさまざまな動物や植物が登場し、時には恐ろしい魔物や鬼たちも出てきて、あたかも人間のようなふるまいをする。そして、ありえないような奇想天外な出来事があちらこちらで起こってしまう。

だから神話は完全な作り話だという現実派も数多くいる。だが、現在まで一〇〇〇年以上も語り継がれた希有《けう》な古典は日本人の心の原郷であり、史書としてみても要所要所に真実が隠されているのではないだろうか。

私は、神話は完全なる作り話ではないと考えている。神話とは、その国に住む人びとに、「今後どのような未来が訪れようとも、永遠に忘れてほしくない」という思いで魂を込めて書き残した民族の遺産である。実話をもとに笑いころげるほどおかしく、大泣きするくらい悲しく、時には大人も身震いするほど恐ろしく誇張して書かれている。

それでは、神話を永遠に忘れさせないようにするためには、いったいだれを対象にして伝えたらよいのだろうか。その答えは子どもであろう。文字を覚えるころの五歳〜八歳くらいの子どもを対象にすると、深く疑うこともなく大人になるまでしっかりと覚えてくれるはずだ。その結果、その子どもたちや孫たちへつぎつぎとストーリーが伝わっていくことになる。

振り返れば、私らの子どものころは、祖母や母から昔話や迷信などをよく聞かされたものだ。神話は、未来の大人である子どもたちに印象的に覚えてもらうため、動植物や鬼のような魔物を絶妙な按配《あんばい》で登場させせつくり上げたのではないだろうか。

日本の古代史に謎が多いのはなぜ？

日本の古代史に謎が多い理由としては、つぎのような理由によると思われる。

●重要な古墳を「発掘」できない――陵墓《りょうぼ》や同参考地指定のため。
●貴重な遺跡が破壊されている――古代の王朝交代期や昭和の高度経済成長期などに。
●墳墓に「墓誌」（文字）がない――だれの王墓なのか、どの豪族の墓なのか記載がないという摩訶不思議《まかふしぎ》さ。
●史書が少ない――六世紀までは二、三の古代中国の史書しか文献はない。
●『古事記』『日本書紀』は当時の有力者中心に編纂――したがって、実在したとされる出雲王朝や邪馬台国《やまたいこく》は実在が疑われたり、存在が否定されてしまった。
●記紀に対する否定論――戦後ＧＨＱの占領下にあった日本は、皇国史観《こうこくしかん》が再燃する恐れから、記紀は日本最古の歴史書ではなく、架空の物語扱いをされた。

考古学の原点は、まず掘ってみることであろう。「掘る」という行為は多くの動物の本能のひとつだが、掘ったあとに出てきた土器のかけらをていねいに拾い集めるという地道な作業はじつにアナログ的である。その後の評価・鑑定解析を含めると、きわめて長いスパンの累計時間を必要とし、研究者の忍耐力が試されているかのようだ。しかし残念なことに、古代日本の重要な古墳の多くは陵墓または同参考地指定であるので、日本の考古学者には、「自国の古墳を目の前にして掘れない」というジレンマが内在する。

「どこかで何かを掘り当てたい！」という研究者の情念は、一部ベクトルを変え、エジプトや中近東、さらに中央アジアなどの海外の古代遺跡へと広がっていく。メディアで拝見する彼らの姿は、「国内では掘れないストレス」を発散するかのように、じつに生き生きとしているように見える。

禊ぎの原点はお産にある

日本海に面した若狭《わかさ》地方（福井県西部）のお産にまつわる伝統的習俗は、古代日本の民族文化を知るうえでたいへん興味深い。

産屋　大原神社の前を流れる川の対岸にあり、妻から出入りする。明治以前までは、出産のとき12把のわらを持ち込み、出入口に魔除けとして古鎌を吊り、七日籠り出産していた。京都府福知山市

数十年前まで行われていたその風習は、海の民のはげしい精神性を物語っている。お産を終えた妊婦は、四〇日経つと渚《なぎさ》に建つ産屋《うぶや》から出て自分の家に帰る。そのとき必ず腰巻ひとつの身体になって波打ち際で波を頭からかぶる。波が立たないときは、海に飛び込んで頭から潮をくぐるという。これが「禊《みそ》ぎ」の原点であると私は考えている。

古代では、多量の出血は死をつよく予感させる不吉なものである。どんなに楽なお産（安産）であっても、生理学的には多量出血（五〇〇ミリリットル以下）をともなう。多量出血は人間の死を予知させるため、産婦を不浄《ふじょう》な

応神天皇の生湯　宇美八幡宮の境内にある応神天皇誕生の際に使われたとされる湧水。福岡県宇美町

ものとみなし、「禊ぎ」をさせるようになったのであろう。

　多くの生物の胎生期《たいせいき》は、水すなわち哺乳類《ほにゅうるい》でいえば羊水《ようすい》の中で育まれる。若狭の伝統習俗では、お産での出血は、海水によって希釈《きしゃく》され、完全に消え失せて「禊ぎ」は完了する。海に向かって行うお産直後の禊ぎは、生命の起源である偉大なる海への原始信仰の痕跡であろう。

　つまり、お産での多量出血を大海原で希釈し、出産自体を浄化するのだ。それは、生命の根源である母なる海への、母となった人間からの大いなる感謝の祈りでもあるのだ。

同様に、赤ちゃんが生まれ出て最初の入浴を沐浴《もくよく》と呼ぶ。これには、出産時に身体に付着した血液やぬめりのある羊水をきれいにぬぐい去り、代謝をよくするという目的がある。私はこの新生児の沐浴も、「身を清める最初の行為」、つまり不浄である血を洗い流す「禊ぎ」の原点であると考えている。

伊豆青ケ島の産屋「タビ」と琉球の「ウタキ」

産屋《うぶや》が日本の海岸線、とくに西南地域の海辺に多くつくられていたことにより、その起源は南洋（南方）系海洋文化にあるのではないかと私は考えている。

伊豆諸島最南端の青ケ島では、産屋はタビ（他火）小屋と呼ばれる。タビでのお産は、赤子は妊婦自身が取り上げ、へその緒《お》も自分で切るという習俗であるが、コウマテオヤという女性のヘルパーが子供と一生つながりをもつとされる。コウマテオヤは助産師でもあり、乳母のような存在なのであろう。昔は、産後四五日間タビ小屋に籠《こも》ったそうだが、すべてが肉体労働であった過酷な主婦業が、しばらくのあいだ回避されるという大きなメリットもあった。

斎場御嶽　三角形の空隙を示す形状は女性の外陰部に似ている。斎場御嶽は琉球王国最高の聖地。中には6つのイビ（神域）があり、琉球国王はこれらを参拝しながら、国家繁栄や航海安全などを祈願した。沖縄県南城市

琉球地方に残る祭祀などを行う施設であるウタキ（御嶽）は、聖域とされる空間であり、祈りの場でもある。琉球王国のなかでももっとも格の高い聖地で、かつては男子禁制で、たとえ国王であっても女装に改める必要があったと伝えられている。「ウタキ＝女性陰部説」は以前から民族学的にも唱えられていたが、私もウタキは女性の陰部を表していると考えている。

女陰型の岩の裂け目が信仰の対象となっているところは、岡山県真庭《まにわ》市神代《こうじろ》の「鬼の岩」をはじめ、全国各地に分布する。琉球のウタキが男性禁止であることは女陰説を支持し、ウタキ同様に男子入室禁止である産屋が南洋系起源である可能性を示唆するものであろう。

対馬の「神の籠」は妊娠子宮を表している

あまり知られていないが、我が国には「神の籠《かご》」といわれる崇高なる籠が存在する。その籠とは、対馬《つしま》の東岸・琴崎の胡簶《ころく》神社に大事に保管されている「神の容器」と呼ばれる楕円形の竹籠である。

竹籠は円形が多く、楕円形というのはあまり見かけない。私は楕円という形状から、こ

胡籙神社　「神の籠」が保管されている。長崎県対馬市

の竹籠は赤ちゃんを入れる大事な容器（籠）である子宮を意味していると考えている。妊娠して大きくなった子宮は楕円形をしているからだ。

　子宮のような形の「神の籠」が神社に大事に保管されているという事実は、後述するように、神社が子宮を意味していることを支持する。楕円形の籠を母胎とみなしたことが、「神の容器」と言われるゆえんであろう。

　対馬は、古代に密接な関係があった朝鮮半島と北部九州のほぼ中間点に位置する島である。この「神の籠」がいつごろから祀《まつ》られているかは知らないが、古代、この地を訪れた王族のヒメの出産との関連があるのではないだろうか。

ベトナムやミャンマー、そして中国奥地には、竹で籠のように編んで舟をつくる（竹籠舟）伝統がある。対馬や出雲・丹後《たんご》など日本各地にかろうじて散在する古代の籠伝承は、南方系海洋文化の痕跡であろう。これも赤ちゃんを運んでくる子宮を意味しているのであろうと私は捉えている。

高千穂峡、真名井の滝は聖なる羊水

宮崎県の高千穂峡《たかちほきょう》は、日本人の源流を考えさせられる貴重な神話の郷《さと》である。その峡谷に流れ落ちる真名井《まない》の滝は、つねにうっすらと靄《もや》が立ちこめていてじつに神々《こうごう》しく、そこに身をおくと、古代信仰が体感できるような気分になる。

古代、アメノムラクモノミコト（天村雲命）が天孫降臨《てんそんこうりん》の際、この高千穂の地に水がなかったので水種を移すと、これが真名井として湧水し、滝となって流れ落ちたという伝説がある。ただ、似たような伝説は日本各地にあり、内容もいわば「神話の優等生」すぎていておもしろみに欠ける。

真名井の滝は、豊かで清らかな羊水《ようすい》の流出を意味していると私は考えている。羊水は母なる子宮の中で命を育んでくれる聖なる水で、羊水なくして人間は生まれてくることはできない。人間のみならず哺乳類《ほにゅうるい》にとってもっとも大事な水が羊水であり、妊娠以外で羊水がつくられることはあり得ない。

羊水は、妊娠とともに子宮内の羊膜《ようまく》からしみ出すようにつくり出され、通常、子宮外に羊水が出てくるのは、妊娠のクライマックスである出産のときだけである。外界と触れ合うことのない羊水は完全に無菌であり、まさに秘められた聖水なのだ。

それでは、お産の過程のなかで清らかな羊水が流れ出てくるとはどういった状況であるかを説明しよう。

通常、臨月の妊婦に陣痛がきてお産がはじまり、陣痛の強まりとともにお産が進むと、高まった子宮の内圧で胎児を包む羊膜が破れてその中の羊水が流れ出る。これを破水《はすい》という。濁りのない羊水は、大まかに言えば、安産をある程度約束するものである。

一方、濁った羊水もある。それは、胎児になんらかのストレスが加わったことで胎児が疲れて脱力し、深緑色の胎便を羊水内に排出した結果、濁った羊水になるのである。つまり、破水後に濁った羊水が出た際には、胎児が元気かどうかの注意が必要であり、古代人

真名井の滝　女性の陰部のような外観に滝が流れ落ちるようすは、まるでお産の際の破水のようだ。宮崎県高千穂町

もそのあたりの経験上の知識は保有していたのではないだろうか。水が澄んでいるか濁っているかの判断は、子どもの目でも簡単にわかるからだ。

それでは、なぜ神社の境内には手水舎《ちょうずや》が必ず設置されているのだろうか。もちろん、神様を参拝する前に身体を清めるために聖水で手を洗い、口をゆすぐという、いわゆる禊《みそ》ぎを簡略にした行為は、参拝の基本作法である。ただ、作法というのは、のちの世に参拝が体系化される際につくられたマニュアルであり、手水舎の成り立ちの真の意味は別にあると私は考えている。

それは、手水舎に流れ出る聖水は清らかな羊水を表したもので、安産を約束するものだということだ。したがって、「真名井《まない》」とは清らかな羊水を表している、と私は考える。

マナの語源は南洋にあり、太平洋の島々の原始宗教で、神秘的な力、超越した特別な力の源泉のことだ。また、古代ユダヤ語でも、マナは「恵みの泉」を意味するという。

おそらく人類が、アフリカ大陸を出て太平洋に辿《たど》りついた数万年前のころから使われていた原語であろう。つまり、「まない」とは、もっとも崇高な神秘の水が湧き出る井戸のような穴のことであり、湧き出る清らかな聖水は人間にとってもっとも大事な水、つまり母親の胎内で我々を育んでくれた「羊水」を意味しているのではないか。

ニライカナイ神話は出産を意味している

琉球列島には、東の彼方に「ニライカナイ」という楽園があるという神話が昔から語り継がれている。ニライカナイ神話では、この世を照らす天空の神である太陽が西の地下の穴に入って隠れることで夜が訪れる。そして、太陽は地中をまっすぐに通り抜けて東の穴からふたたび出てくるというもので、太陽神が出てくる東に楽園が存在するという。

この神話は、南方系の海洋民族が太古の昔から数千年以上かけて言い伝えてきた世界遺産的伝承であり、日本人の起源論にヒントを与えてくれる。一方、ニライカナイ神話は、東にある稲穂《いなほ》のクニ、つまり日本本土から琉球列島に稲作が持ち込まれたことを起源とする説もある。

古代の原始的宗教観からすれば、東の穴は妊婦の産道であろう。赤ちゃんが母体の産道（穴）から出てくる神秘性を、天空の神、太陽の日の出に関連づけたのだ。そして、西の穴に入るという意味は日の入りのことで、それはあの世、冥界《めいかい》への入口であり、人間の死を表している。

しかし、ニライカナイでは霊魂は残り、太陽がふたたび東の穴から出ることで生命が再生するという仕組みになっている。それは、祖霊神は永遠に再生するという原始信仰に基づくもので、ニライカナイという楽園は、祖霊だけが住む平和な世界（日本の仏教で言えば極楽浄土《ごくらくじょうど》）のことであろう。ニライカナイ神話は日本民族の創成を記した神話である「天《あま》の岩戸《いわと》神話」との共通性があり、天の岩戸神話も一元的には南洋系起源であるのだろう。

米国の人類学者ルース・ベネディクトは、日本の天皇制のルーツが大陸ではなく南洋島《とう》嶼《しょ》にあることを鋭く指摘した。それは、南洋の島々には、ただひたすら島内の五穀豊穣を祈るためだけの超然とした「祭祀王」がひとり置かれるという固有のシステムがあったことを意味している。

コラム

子宮を表現した縄文時代の住居跡

前方後円墳《ぜんぽうこうえんふん》は女王卑弥呼《ひみこ》が統治した時代から築造されはじめるので、子宮に似た形の前方後円墳は女性の墳墓にふさわしい形といえる。さらに私は、旧石器時代の遺跡について調べていた際、ある一枚の写真をみてピンときた。それは、東京都府中市にある武蔵台《むさしだい》遺跡公園の敷石状住居跡（約六〇〇〇年前、復元展示）の写真である。内部に石を敷き詰めた円形の居住区とその入口のような長方形の構造は、のちの古墳時代の前方後円墳の原型のような形状である。早速、現地に足を運んだ。同居住区画には、浅い堤防状となった周郭《しゅうかく》もともなっているので、全体像も外濠のある前方後円墳の構造と似る。現在は都立多摩総合医療センターの敷地になっているので全貌は見えにくいが、眼下が見下ろせる見晴らしのよい高台にある。

さらに驚くのは、同遺跡から約三万五〇〇〇年前〜二万年前にいたる約二万七〇〇〇点の打製〜磨製石器が出土していることだ。黒曜石《こくようせき》も出土しているので、最初に日本列島に住み着いた人類が残した遺物かもしれない。

似たような形状の敷石状住居跡は縄文時代の長野県平石《ひらいし》遺跡からも発掘されていて、旧石器時代から縄文時代にかけての文化継承を感じる。

縄文人は、竪穴式住居を母胎つまり子宮とみなし、死者も敷地内に引き入れ埋葬して再生をはかるという観念があった、とする文化人類学的考察もある。

アイヌ社会も同様の観念をもっていて、おのおのの家を子宮と見なすというプリミティブな社会通念だ。これらの竪穴住居は子宮の形に非常によく似ている。自宅で家族が亡くなることが激減した現代と違って、古代では死者というものが身近で日常的な存在であったことは間違いない。

さらに、お産で亡くなる若い女性も相当に多かったことから考えても、古代の人びとはだれでもが人間の子宮の形をほぼ認識していたと私は考えている。

敷石状住居跡　子宮の形状に似ている。東京都府中市、武蔵台遺跡

第2章

縄文人は何を祈ったか

第1節　縄文人、男と女

最古の日本人は胎児のように葬送されていた

日本の人類学の黎明期には、「日本原人」なる大胆な説を唱えた病理学者も存在した。だが、浅間山近くの長野県佐久市香坂山《こうさかやま》遺跡から出土した石器の分析によって、最初に日本列島に住みはじめた現世人類はホモ・サピエンス（新人）で、旧石器時代の約三万八〇〇〇年前に南洋の島々や大陸から渡ってきた人びとだったと推察された。当時は海水面が低く日本列島の一部は陸続きだったという説と、完全にはつながっていなかったという説がある。

それでは肝心な人骨はどうなのかというと、二〇〇八年に沖縄県の新石垣空港建設時に約二万七〇〇〇年前の国内最古の人間の全身骨格が発見され、出土地は白保竿根田原《しらほさおねたばる》洞穴遺跡と命名された。この考古学的大発見によって、日本列島へ最初に到達した人類は南か

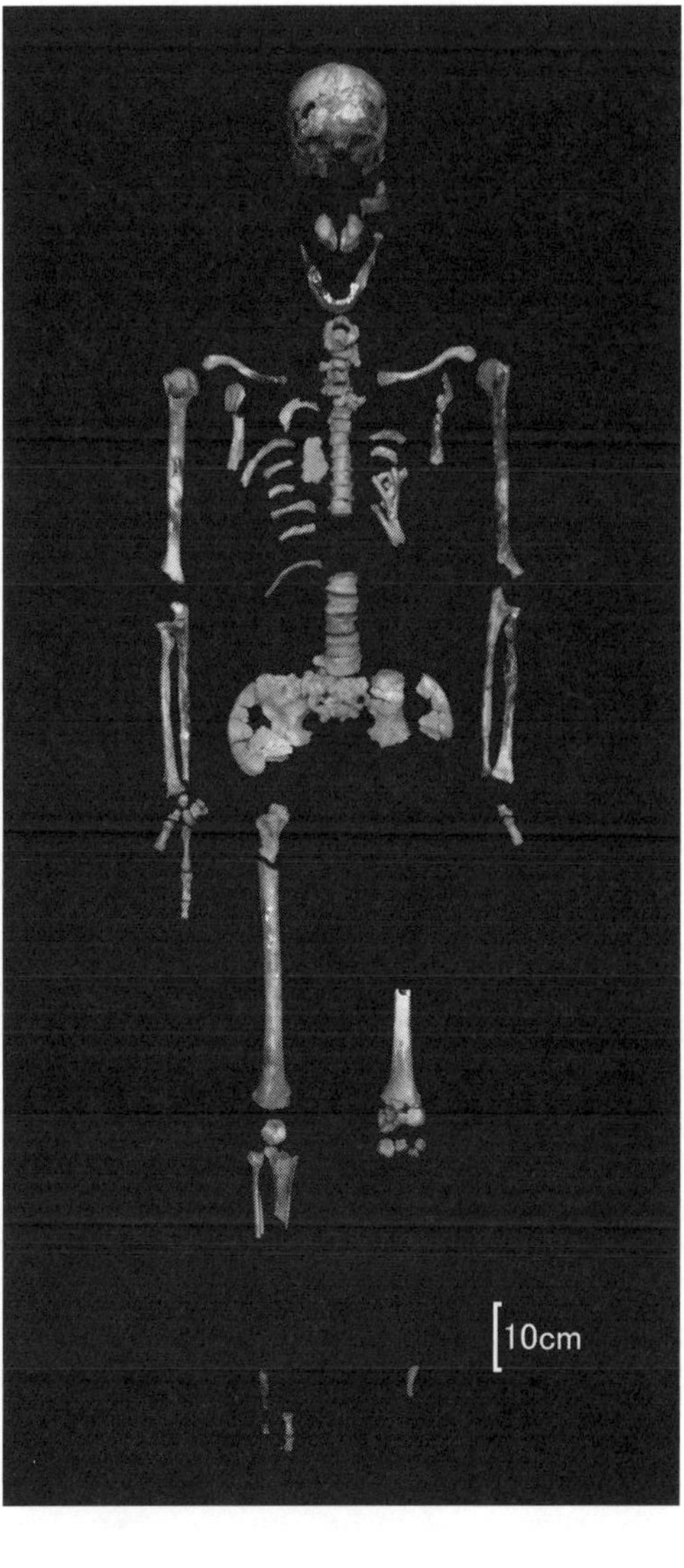

白保竿根田原洞穴遺跡4号人骨
年代測定の結果、2万4000〜1万6000年前の前のものと判明した。

復顔された白保人　最新のデジタル技術で復元した。

ら黒潮に乗って簡素な舟でやってきた小集団に絞り込まれ、骨から抽出したＤＮＡの分析から、東南アジアや中国南部の人骨との近似性が指摘されたのだ。

　さらに、顔面骨を元に復元した３Ｄ画像は、彫りが深く広い額が特徴的であった。３Ｄプリンターでつくった模型に粘土で肉付けした結果、鼻の付け根が低い中国南部やベトナムなど南方系の人びとの顔に近い容貌となった。アフリカ大陸で出現したホモ・サピエンスは、アフリカを出たあと、つねに陸続きで移動してきたが、舟をつくって大海に出た最初の人間は東南アジアに住む人びとだったようだ。

　さらに驚くのは、石垣島の東海岸に面した白保竿根田原洞穴遺跡から出土した旧石器時代の日本人は、身体を伸ばした伸展位《しんてんい》ではなく、まるで母胎の中の胎児のような姿（仰臥《ぎょうが》屈位《くつい》）で葬送（風葬）されていたことだ。

　この胎児のような葬送姿勢は、「母胎、つまり子宮の中で胎児がどのような姿勢で育まれているのかを古代人は知っていた」という自論を強く支持するエビデンスになった。縄

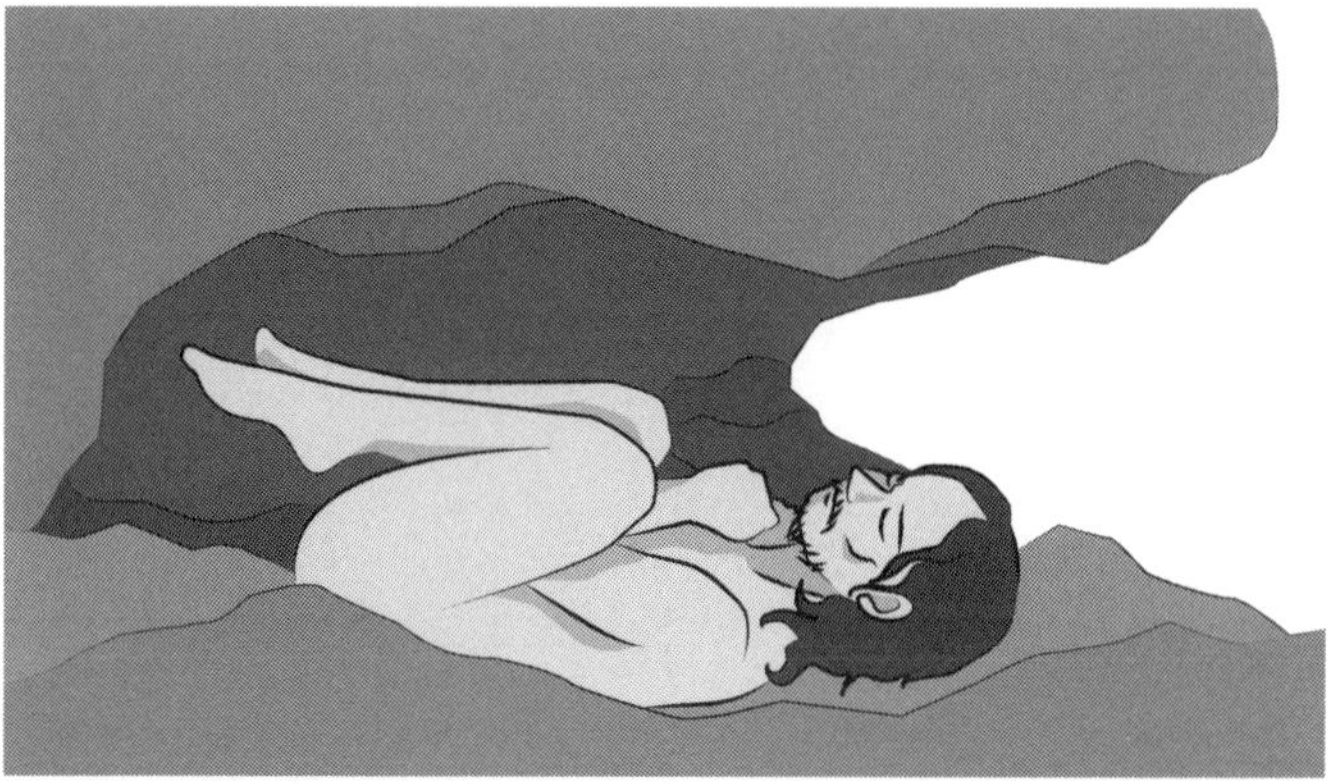

白保人の埋葬姿勢復元イメージ図　胎児のように手を顔の近くに添え、足を折り曲げて、仰向けに葬られたと推定されている。

文以前の旧石器時代のホモ・サピエンスがすでに「胎児姿勢」というものを認識していたことは、いったい何を意味しているのか。それは、亡くなった妊婦を解剖する風習が、すでに旧石器時代に存在していたとしか考えられない。

旧石器時代のホモ・サピエンスがすでに、胎児のように眠る姿勢つまり屈葬《くっそう》で埋葬されていた事実は、生殖考古学上、大きな意味をもつ。それでは、屈葬はいつの時代にはじまったのであろうか。

現時点での答えは、約五万年前のフランス南西部ラ・シャペローサン遺跡の洞窟の中にある。そこではネアンデルタール人は意図的に墓穴をつくり、胎児のように屈曲姿勢で遺体を埋葬していたのだ。つまり、母胎（子宮）での胎児の姿勢というものをネアンデルタール人はすでに知っていたのであろう。

我々ホモ・サピエンスの先祖は、ネアンデルタール人から遺体の埋葬の仕方を教わったのかもしれない。琉球諸島では、一二世紀ごろまで屈葬が主体であったことは人類学的にも興味深い。

母性豊かな縄文社会は世界五大文明のひとつ

最近になって、日本文化の基層となった縄文時代の重要性を再認識する時期に入ったことは、とても喜ばしい傾向である。その理由として、つぎのような考古学的、人類学的な重要事項があげられる。

- ●青森県三内丸山遺跡の発掘
- ●縄文土偶が海外から賞賛
- ●縄文土器は世界最古の土器と判明
- ●縄文人の遺伝子が我々現代人にも平均一二パーセント継承
- ●平和な時代が約一万年つづいた縄文社会への憧憬

大平山元遺跡出土の石器群　左から石斧、上段は石刃２点、彫器、石鏃２点、下段は掻器・削器・彫器等の加工具。青森県外ヶ浜町出土

日本人がみずからの縄文時代をそれほど重要視してこなかった間隙をついたのか、いま、日本の縄文文化ははじめてといっていいほど、海外から脚光を浴びている。そのひとつの事象として、青森県外ヶ浜町の大《おお》平山元《だいやまもと》遺跡から一万六五〇〇年前の土器片や石のやじりが出土したことだ。

この世界最古の土器は、模様のない無文土器である。同様の土器片は中国江西省の洞窟でも出土しているが、約一万年前のものなので、日本のほうが明らかに古い。

縄文土器が飛び抜けて古いことに、

我々も戸惑いを隠せない。つまり、我々日本人の祖先は世界に先がけて土器をつくりはじめたということになる。当時の土器は人類が最初につくった万能物品で、食料の保存や食材の煮炊《にた》きから祭祀での主道具、さらには遺体を埋葬する容器としてフル活用した。

また、刃先の細い石器を最初につくったのも日本人である。

これらの発見から、日本の縄文時代は世界五大文明（エジプト、メソポタミア、インダス、中国、日本）のひとつと主張する米国人研究者も存在する。なによりも素晴らしいのは、縄文時代の遺跡からはまとまった武器が出ないこと、集落に壁や柵・堀の跡がなく、開放的な空間であったことだ。

つまり、縄文時代には大きな戦いの痕跡がないということになる。日本の縄文時代は平和な社会が約一万年もつづいたという世界的にも類のない平和な文明であったのだ。

古代ニューギニアの首狩り族の痕跡!?

土偶の多くが妊婦を表していることは、やっと最近になって一般的に認識されはじめたといってよい。土偶は亡くなった妊婦の霊を慰めるためにつくられた呪術具であろうし、安産を祈って産屋《うぶや》に置かれるお守りでもあった。そのような精神性の起源は、四万年以上前のヨーロッパの先史文明にある。

和歌山市南西部に位置する美浜町には、ニューギニアの子供の遊びにそっくりな「首取りごっこ」という子供の遊びがあった、と同地区出身の元実業家・北裏喜一郎《きたうらきいちろう》氏は生前インタビューで語っている。

彼はビジネスでパプア・ニューギニアの奥地を訪問した際に現地の子ども遊びである「首狩りごっこ」をじっくりと観察し、郷里の子ども遊びと細部にいたるまでそっくりだったことにたいへん驚き、もともと日本人はボートピープルで南の島からやってきたと確信したという。実際に、ニューギニアの原住民には「首狩り族」が存在し、彼らは海洋の民でもあり、物々交換を目的に遠洋の旅に出かけるという。「首狩り」の慣習は、戦闘ではなく呪術的、宗教的な理念からと考えられている。

多くの土偶は破壊されていて、完全な形で見つかるのは五パーセントにも満たない。だが、なぜ土偶は破壊されたのか未だに解明されていない。やや飛躍的ではあるが、多くの縄文土偶の首から上が切り落とされているのは、古代ニューギニアの海洋民の文化の痕跡ではなかったかと私は推察している。

日本人の和の起源は縄文社会にある

私は、日本人の精神の原点と言われる「和」の起源について、あれこれと考えてきた。「和をもって尊しとなす」という名文句が聖徳太子の言葉というのはあまりにも有名だが、この名文句はしっかりと現代の日本社会に根付いている。

できるだけ丸く納めるよう話し合われることは、今でも日本人の社会規範のようだ。島国でありながら山国で平野面積の小さな日本のムラ社会では、昔から個人の能力よりも人柄のほうが大事であって、つねに協調性が重んじられてきた。

私は、和の起源は聖徳太子の時代ではなく、平和な社会が約一万三〇〇〇年もつづいた縄文社会に遡るのではないかと思う。その理由は、つぎのような縄文遺跡に共通する考古学的エビデンスからである。

●首をはねられたり、武器が突き刺さったような遺体が出ない。
●まとまった量の武器が出ない。
●集落に壁や柵・環濠の跡がなく、開放的な空間である。

●つまり大きな戦いの痕跡がない。

日本社会の基層には、和を重んじた平和で豊かでおおらかな縄文社会があることを、我々は忘れてはならない。そもそも、縄文時代の日本列島全体では約二五〜二六万人、一平方キロにするとたった一人くらいしか人間が住んでいなかったので、大きな戦《いくさ》というものが起こりにくかった。ただ、最新の縄文研究によると、大きな集団ではない個人的な戦いはあったようで、鼻骨骨折をした頭蓋骨の遺骨などもいくつか発掘されている。

その理由は、戦争ではなく、女性をめぐる男同士の争いと推察されている。女性をめぐる争いは十代後半の若者が中心であったろう。その後、中国大陸〜朝鮮半島から多量の武器を携えて渡来した水田稲作文化が入ってこなければ、のどかな縄文社会はまだまだ延々とつづいた可能性がある。

沖縄在住の上原さんという方が、テレビ番組でつぎのように語っているのを聞いたことがある。「日本の博物館には武器（刀）が多く展示されているが、沖縄の博物館には刀はない。床の間に飾るのも日本は刀だが、琉球は三味線だよ（笑）」。

死者に守られていた縄文人

縄文遺跡の居住地を調べると、その中央部に墓域があったことが判明した。つまり、墓地を小集落の中央部にもってきて、それをグルリと囲むように住居が円形から楕円形に建てられていたのだ。現代の居住様式でたとえると、中庭にドーンとお墓があるような感じであろうか。

このような中心部が墓域といった形態は、日本の寺院でも見られない。毎日お墓を見ながら生活する感覚は、現代人からすれば非常に異質だ。戦後、日本人は核家族化し、医療の発達で長寿になり、家で家族が亡くなることも滅多にない。戦争もない現代の日本では〝死〟というものは身近にない遠い存在になってしまっている。

縄文人が居住地の中央部に墓域をもってきたことは、祖先を何よりも大事にし、祖霊が蘇ることを信じていたことを意味している。縄文社会では、死者の霊魂によって人びとの平和と健康が守られていると考えられていたのだ。

縄文の「謎の石棒」は男性生殖器

縄文遺跡の謎の石棒は縄文前期からつくられはじめ、初期段階では長さ三〇～四〇センチで太さが直径三センチ前後と小さいが、中期になると大型化して長さが一メートルを超す石棒が出現する。長野県佐久穂町では、長さ二・二三メートルという巨大なものが見

北沢川の大石棒　縄文時代中期後半、佐久石を用いて作られた。全長 2.23m、直径 25cm。佐久穂町指定文化財

つかっている。これらの石棒のなかには、リアルに陰茎を表現しているものも多数認められる。

ヨーロッパの先史時代に建てられたメンヒルも、ブルトン語（イギリスと、フランスのブルターニュ地方のケルト族の言語）で細長い石という意味である。メンヒルは巨大な自然石を二個あるいはそれ以上の数を地上に建てたもので、古いものは六〇〇〇年〜七〇〇〇年前に建てられた可能性がある。

メンヒルのなかには重さ三〇〇トンを超えると推定されている石も存在する。これは古代の人間が機械も使わずに手作業だけで動かした最大の自然物である。

欧州のメンヒル　男性器をイメージさせる。イギリス、セント・バーヤン

世界遺産のストーンヘンジも、メンヒルに類するものだ。日本や環太平洋にもメンヒルが存在したことはあまり知られていないが、多くのメンヒルは倒されたり壊されたりしているのが残念だ。

縄文遺跡の石棒はこん棒状に加工しているものも多く、メンヒルの進化形なのかもしれない。

佐田京石のメンヒル　米神山の麓に位置する。高さ2mから3mもある柱状の巨石。大分県宇佐市

メンヒルのなかには女性の下腹部を想像させるこんもりとした丘の上に立つものも多く、丘を女性器、メンヒルを男性器とした疑似生殖行為を行ったのであろう。一方、巨石を乗せた形の遺跡であるドルメンは、母胎（子宮）をイメージしたものと私は考えている。

第2節――個性豊かな縄文土器

奇妙な縄文土器

エジプトやメソポタミアをはじめとする、きらびやかで壮大なスケールの古代文明に圧倒された遠慮がちの日本の研究者や芸術家たちは、我々自身のもつ固有な縄文文化に対する評価には萎縮的にならざるを得なかった。そこには日本人気質としてつねに内在する謙遜の精神もあるのだろうか。

私も幼少期に鑑賞した古代エジプト展で「クレオパトラの黄金のマスク」の実物を目の当たりしたときは、その眩《まばゆ》さと神秘性に眼がくらむようであった。

一方、日本の縄文文化の独自性を高く評価し、縄文文化を世界の五大古代文明のひとつと位置づけている米国の考古学者は、放射性炭素年代測定法により縄文土器が世界最古の土器であるとしたことに加え、世界最古級の漆《うるし》の工芸品としての完成度や縄文土偶の芸術

縄文土器　大胆にも注口部を男性器に模倣している。

性の高さなど、縄文文化のもつ独特の個性に注目している。

土偶の多くは妊婦をかたどったものであること、土器を母体に見立て、住居は子を宿す母胎ととらえていたこと、亡くなった胎児は必ず再生されると考えていたこと、男性の陰茎を石棒として神聖化したことなどが縄文文化の大きな要素となろう。

さらに、一般人がこれまでほとんど知り得なかった、男性の陰茎を模倣した注口部を持つ縄文土器が数点以上も出土していたことに私自身も驚いた。

これらのユニークな土器も、縄文女性の創作と考えられている。

出産を表現した多彩な縄文土器

太古の昔から、人間のお産はほかの動物より明らかに大変なので、妊婦はまさに身を削って赤ちゃんを産むという感覚が強くあった。生まれ出る赤子は、まるで妊婦である母親の身体の一部がちぎり取られて形づくられると考えたのかもしれない。

出産を表現しているある種の縄文土器（出産土器）の形状から推察しても、「妊婦の身体の一部が胎児になる」という発想が当時の人間にはあったのかもしれない。

つまり、縄文人はすべてではないが、土器を母胎と見立ててつくっていたのではないか。これらの出産土器のなかには、底が打ち抜かれ、その近傍に石棒が発見されたものも出土している。おそらく男性の陰茎を意味する石棒で、母体とみなした土器の底に穴（産道）を空ける安産祈願のような宗教的な儀礼があったのであろう。

最近、縄文土器は家を守っていた女性たちが集まって和気あいあいとつくっていたのではないかと考える考古学者も出てきた。明らかに男性器全体をユーモラスに表現した装飾がなされている世界的にも類を見ない注口土器や、トロフィーのような深鉢《ふかばち》型土器の底が

人面把手　勝坂式人面付土器。円形で膨らんだ顔面に、両目と口が穴で表情豊かに表現されている。出産のようにも見える。縄文中期

ソロバン玉のような形をしているものがある（山梨県立考古博物館保有）。土器の底に突起があるのは、大地に突き刺さるように男性器（陰茎）を表現しているという説があり、感性豊かな縄文文化を再考するうえでとても興味深い。

底がそろばん玉のような形の土器　深鉢式土器。茨城県稲敷市出土

出産中の妊婦を描いた縄文土器

「縄文人は土器を女体と見立てた」という大胆な考え方が、以前から一部の考古学者にはあった。それは、土器の形が柔らかな曲線を帯びることからの発想ともいわれる。火焔型土器を除いて、おそらくそうであろう。そこで、「土器＝女体論」を生殖考古学的に掘り下げてみたい。

子宮は妊娠して大きくなると、あたかも土器のように大きく拡張する。実際は胎児を入れているので中空ではないが、子宮の入口は円を描くように拡大するので、たしかに上下逆さに置いた土器のようである。なによりも、土器も子宮も、大事なものを内部に蓄え、それを長期間にわたって育むという大きな共通点を有する。それは子宮であれば胎児であり、土器であれば長時間保存し熟成・発酵させる食料であろう。

戦後、コカ・コーラが世界中の若者を席巻したのは、ボトルの形が女性の艶《つや》やかなボディをイメージしてつくられたからだといわれた。ボトルを手で握りしめる部分にあたる「くびれ」は、若い女性のウエストを表している。

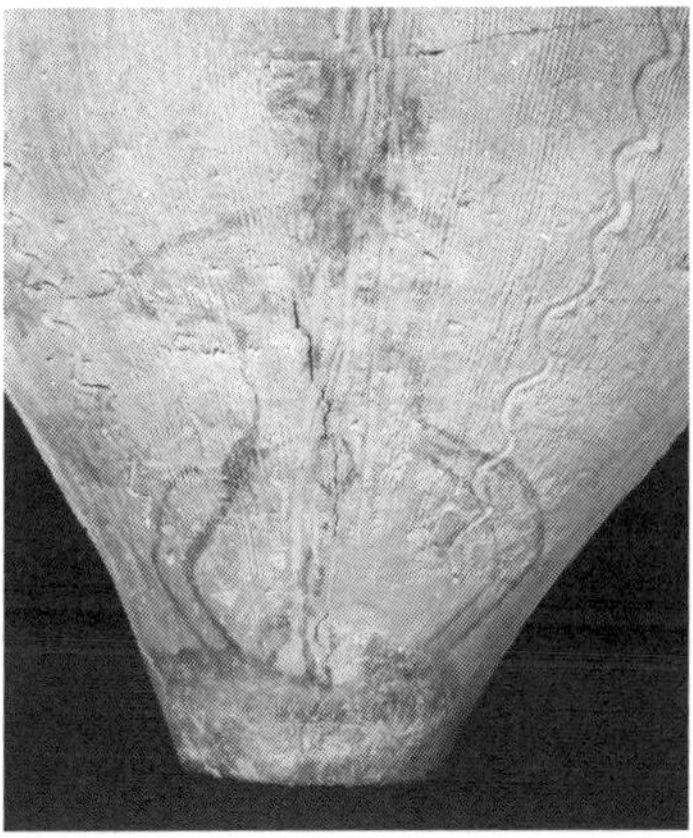

出産が描かれた希少な縄文土器
長野県富士見町、唐渡宮遺跡出土

一九六八年、長野県八ヶ岳山麓富士見町の縄文遺跡唐渡宮《とうどのみや》から、四二〇〇〇年前のやや奇妙な黒色顔料で書かれた土器が発掘され、その後、この墨絵は出産を描いた絵と報告された（井戸尻考古館二〇一三年報告）。この土器の外側に大きく描かれているのは、産婦人科医の私が眺めて見ても、たしかに出産をしている妊婦像である。

お腹は大きくないので胎児はもう出た後であろう。中腰で立っているような姿勢で股間を広げ、そこから血液のようなものが流れ落ちている。胎盤の塊《かたまり》のようにも見え、まさに赤ちゃんを産み落とした直後の描写と思われる。

出産そのものをリアルに描いた土器は世界的にもめずらしく、妊婦を神として崇《あが》めた強烈な縄文パワーを感じる。

古代のお産は現在のように寝ておこなう臥床産《がしょうさん》（仰臥位《ぎょうがい》）ではなく、何かにつかまって立ったまま（立位）または膝を立てていきむ座産《ざさん》である。じつは、一六～一八世紀にヨーロッパではじまった臥床産が、我が国に浸透する昭和二五年（一九五〇）ごろまでは、この墨書き土器の絵の姿に近い座位分娩が主流だったのだ。

それでは、なぜこのようなにリアルな出産の絵を土器に描いたのだろうか。考古学者はその理由として、土器の用途である食料の貯蔵と生命の誕生を一体化した「生への憧憬」としている。

しかし私は、実際に生死にかかわったリアルな出産の状況を率直に表現したものと考えている。つまり、この土器の大きさと、外面に描かれた性器からボタボタと出血しているような婦人像により、この土器は出産中に多量出血で亡くなった妊婦を埋葬したものではないかと考えられるのだ。絵に胎盤のようなものが見えるので、考えられる疾患としては前置胎盤などの胎盤異常か、胎盤が剥《は》がれたあとに子宮が緩《ゆる》んで大出血する弛緩《しかん》出血であろう。

この土器の中から遺骨は出ていないようだが、弥生時代の甕棺《かめかん》のように遺体を埋葬するための大きな土器だったのではないだろうか。当時の小柄で華奢な女性の体格からしても、屈曲位を取れば、この中にすっぽりと入れることはできそうだ。それはこの地のヒメだったかもしれない。

オシャレな縄文女性と子安貝

古代遺跡から出土した装飾品を見る限り、概して弥生人より縄文人のほうがオシャレのようだ。つまり弥生遺跡の集団墓域からは、生活に必要な農機具や武具は圧倒的に出土するのだが、装身具は支配者階級の墓域にほぼ限られて出土する。弥生時代の一般女性は、ひたすら農作業や漁業、そして出産と育児に追われ、オシャレをする余裕もなかったようだ。人生をよりエンジョイしていたのは縄文女性かもしれない。

子安貝《こやすがい》（タカラガイ）は縄文女性の代表的な装飾品のひとつで、貝に穴をあけて首飾りや耳飾りにしていた。子安貝の外形とギザギザした開口部が女性の外性器に似ているので、女性のシンボルと考えたのが理由とされる。世界最古の子安貝の採集と収集は旧石器時代のフランスの遺跡から出土しており、やはり女性器のシンボルと意味づけていたようだ。アフリカ大陸や東南アジア、オセアニアの古代遺跡からも、子安貝は数多く出土している。

手水舎　安産を願って子安貝を模している。福岡市、今泉若宮神社

タカラガイ製土製品　富山市、北代遺跡出土

子安貝は日本の縄文時代や中国の古い墓に副葬されていることがあり、生命が宿る女性器のシンボルを副葬することで、いのちの再生を願ったのかもしれない。子安とは、まずは子が安全に生まれ出てくるようにという安産祈願であろう。お産で亡くなることが多かった古代、女性器に似た子安貝は女性の安産守りであり、お産の際に身体に身につけて、はげしい陣痛に耐えていたのではないだろうか。

縄文文化の残り香があるとされる琉球では、この風習が数十年前まで残っていたようだ。同様な装飾品は南洋系文化に多く見られので、その由来は南方であろう。

「妊婦が神」から「稲穂が神」へ

じつは最古の縄文土器は、東北ではなく北部九州の福井洞窟（長崎県佐世保市吉井町）から出土しているのだが、弥生文化の起点となった北部九州から西日本にかけては、縄文文化は少しずつ退色していった。したがって、縄文土器や土偶の出土数は、中部地方から北海道までとくらべて明らかに少ない。

縄文社会では子どもを産むことができる「妊婦が神」であったと私は述べてきたが、社会システムの大転換期となった弥生時代に「神は稲穂」になってしまった。逆に、縄文社会では神であった女性は、日々農作業に追われる一労働者となるだけでなく、稲作の継続や農地の維持のために多産が要求され、過酷な生活を余儀なくされるようになってしまった。

そして小さな稲作のクニが日本列島各地につくられ、はげしい農地の取り合いをするようになり、日本全域としてはおそらく最初の内戦である「倭国大乱」に終結していった。若い女性は農作業のためのマンパワーを生み出す（多産）だけでなく、将来の若い兵士（男子）をつくることまで要求された。この過酷なライフスタイルは近代の太平洋戦争にいたるまで延々と二〇〇〇年以上もつづくことになる。

日本の神は、古代の女性（妊婦）から稲穂（米）、そして武器（鉄器）へと変遷していったのだ。

火を神としてつくった火焔型縄文土器

多種多彩な縄文土器のなかでも火焔《かえん》型土器の発現する際立《きわだ》った個性は、世界的にも注目を集めている。

我々は、その火焔状の形を風変わりなもの、実用的ではない奇妙なものととらえてきた。つまり装飾の多い縄文土器は弥生土器とくらべても一見実用性に乏しく感じられるため、合理性と機能性を重んじてきた近代の機械化文明においては、日本人みずからがその価値を低く見積もっていたようだ。

当然、この見方の起点は弥生社会にあり、それ以降も現在まで継続されてきた水田稲作文化の安定感と充足度によって、縄文社会のもつ独創的な個性は軽んじられてきたのだ。

火焔型土器　新潟県十日町市、笹山遺跡出土。国宝

外国人から評価されてはじめて日本文化の素晴らしさを認識するというパターンは、「またしても」という感がある。

縄文人が土器を火焔型に装飾した理由は、「火を崇高な神」ととらえたことに起因すると私は考えている。火がなければ寒くて生きることはできないし、夜も真っ暗で、土器で煮《に》炊《たき》きもできない。

火で煮炊きできる感謝の祈りを込めて、火焔型に装飾したのではないだろうか。

コラム

「姓」という字は女が生むと書く

「姓」は苗字・名字ともいわれ、家名を意味する。古代では氏《うじ》と姓《かばね》を統合したものが姓である。

おもしろいことに、「姓」という字を分解すると「おんなへん」に「生まれる」となっていることに気づく。つまり、女性から人は生まれるという当たり前のことなのだが、これは古代中国の家族法において、姓が「母系」の血族を表す標識であったことに由来する。

中国最古の漢字字典である『説文《せつもん》』には、女から生まれたことをもって姓とすると書かれている。つまり、生殖考古学の主体も母系にあり、現代にも残る「里帰り分娩」の風習も、「子は母の家で産む」という姓の本質を維持しているのだ。

コラム

屈葬の意義は「胎児に戻ること」

縄文遺跡の居住区内で明らかに墓地と思われる領域を調べると、当時の遺体の多くは身体を強く折り曲げた屈葬《くっそう》であることがわかる。遺体に対してわざわざこの体位を取らせた理由については、いくつかの説が存在する。

日本での通説は、「死者の霊を抜けださせないため」であるが、フロベニウスという民俗学者が最初に唱えたのは「子宮の中にいる胎児のような姿勢を取らせた」という説である。つまり、「死者は屈葬によって胎児に回帰し、その魂は永遠なものとなる」という古代信仰である。古代エジプトの太陽信仰では、太陽は毎朝、天空の女神「ヌウト」の胎内から生まれてくると考えられていて、死者を入れる棺そのものが「ヌウトの子宮」と呼ばれることもあった。

驚くのは、このような胎児型姿勢をした遺骨が、一三万年〜一〇万年前のイスラエル・スフール洞窟から出土していることだ。

第3節 —— 土偶の意味

「縄文土偶は妊婦」という確信

現時点での世界最古の女性彫像は、約四万年前のドイツのホーレ・フェルス洞窟から発見されている。私は、この豊満な裸体女性像は妊娠高血圧症候群妊婦（旧名：妊娠中毒症）を表したものではないかと考えている。

当時の地球は寒冷期で、女性の死因のトップは「妊娠・出産にかかわる異常」であったことは想像に難くないからだ。このような太古の女性彫像について、国際的な考古学者たちは「出産のお守り（護符《ごふ》）説」を主に唱えてはいるが、「亡くなった高血圧症妊婦」と考えているのは、産婦人科医でもある私だけであろう。

さらに時代をさかのぼれば二五万年前のイスラエルのゴラン高原ベレカット・ラム遺跡から世界最古級の人工物と思われる火山岩の小石が出土した。外観より、肉感的な女性を

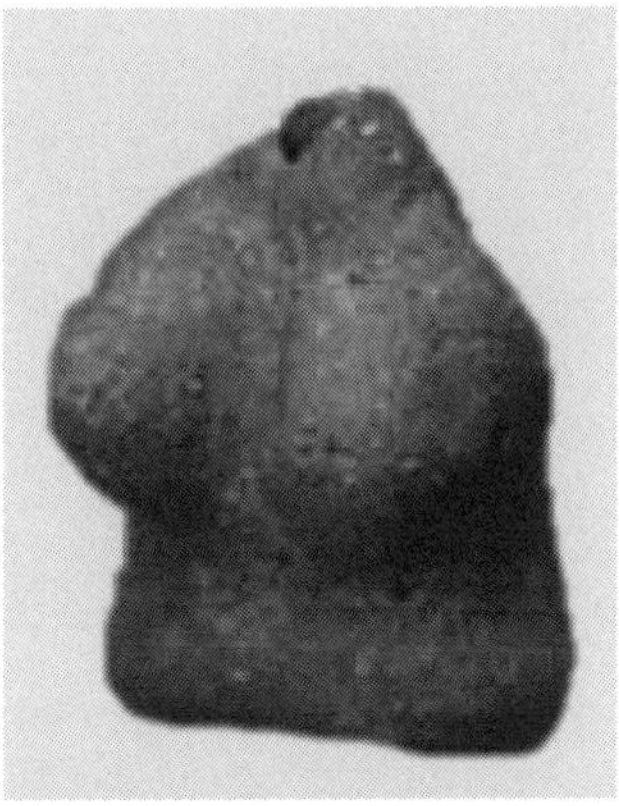

妊婦を思わせる土偶　豊満な乳房を持つ。滋賀県東近江市、相谷熊原遺跡出土

ベレカット・ラムのビーナス　25万年前のイスラエルの遺跡から出土したビーナス像。

表現したようにも見える。

　自然石の類像だとする説もあるが、この石には一種の装飾としてベンガラ（黄土を原料とする赤色顔料）が加えられていることから、ホモ・エレクトゥスが加工したフィギュアであると思われる。おそらくもっとも古い妊婦像ではないかと私は推察している。

　ベンガラの赤は、出産や月経での出血を意味するのではないだろうか。

　もっとも原始的な妊婦信仰はユーラシア大陸が起源かもしれないが、同大陸以外の最古の女性像は、日本から出土している。それは約一万三〇〇〇年前の滋賀県相谷《あいだに》熊《くま》原《はら》遺跡から発掘された豊満な乳房をもつ小さな縄文土偶である。これも妊婦像であろう。中国のもっとも古い女性像は約八〇〇〇年前（内モンゴルの遺跡）なので、相谷熊原遺跡の土偶のほうが約五〇〇〇年も古いということになる。

五〜六世紀の新羅《しらぎ》の遺跡から出土した土偶や土器は、日本の縄文文化の影響を強く受けている様相を呈しているので、縄文文化が朝鮮半島に伝播していた可能性が指摘される。

縄文最大の神は妊婦だった！

私自身が縄文土偶にあらためて興味をもつきっかけとなった、研修医時代の医療体験をお話したい。昭和五九年（一九八四）、私は半年間の浪人の末に医師国家試験に合格し、宿命的に母方の家系や父と同じ産婦人科医の道を選ぶことになった。

そして郷里に戻って県内の大学病院での勤務をはじめたころのことだ。当時は今のような厚労省主導の臨床研修制度はなく、大多数の研修医は医師となった時点で大学病院のなかの専門科をひとつだけ選んで医局に所属し、大なり小なりの「白い巨塔」の底辺で研修をはじめていた。

私がまだほとんど医療行為を修得していない二五歳のときのことだ。救急車で担架に乗せられて大学病院の産婦人科病棟に運ばれてきた重度の妊娠中毒症（妊娠高血圧症候群）の急患を、私ははじめて目の当たりにした。当時は大学病院でも、救命センターいわゆるＩＣＵが整備されてない病院も多く、急患はたとえ重度であっても直接それぞれの担当科に運ばれていたのだ。

その臨月近くの若い妊婦は意識がもうろうとしていて、両瞼の腫れがひどく、全身ははげしくむくんでおり、ぐったりしている。私は指導医の指示に従ってその対応に追われながら、看護師がバイタルチェックで「血圧が一八〇以上あります！」という声に驚きながらも、診察室に運び込んだ。そして超音波ドプラ機器でお腹の中の胎児の心臓がまだ動いていることを確認した。

胎児が生きていることに一瞬ほっとしたと同時に、わたしは直感的にこの極度にむくんだ妊婦の姿になにかピンときて、三〇〇〇年以上前の縄文土偶を連想してしまった。

そしてそのとき、指導医の、「脳出血しているかどうか調べよう。今すぐＣＴ室に運ぼう」という声で我に返った。最終的に幸運にもこの瀕死の妊婦の命は母子ともに助かったのだが、この産婦人科研修医としての初期体験が、「縄文最大の神は妊婦だった」という着想へと展開する起点となったのである。

記憶をたどれば、中学生のときにはじめて縄文土偶の写真を教科書で見た。腫れぼったい眼で何か念仏を唱えているような不思議な表情をして、黒々とむくんだ体躯が愛らしく印象的だった。その後、土偶の姿がふと頭をよぎるたびに、「この古代の土人形はなにかを訴えようとしている。土偶には我々の知らない謎がひそんでいる」との第六感が働きだした。

土偶の多くは、乳房や腹部、そして臀部が強調されているので、土偶は妊婦を表現しているのではないかという推察は以前からあったようだ。だが、それは一部の考古学者の考え方で、一般にはほとんど伝わってなく、やっと最近になって縄文ブームの再燃とともに、土偶と妊婦の関連がテレビの全国放送や多くのメディアで取り上げられるようになったのである。

私は前述した臨床体験（一九八四年）以降、哲学者で歴史研究家でもあった梅原猛さんと同様、「土偶の多くは妊婦を表している」と主張してきた。梅原猛さんは異端の哲学者と評されるが、彼は神秘性の高い古代日本に対しては独特の感性のボルテージが沸点に達し、束縛のない自由なフィールドワークによって大胆な仮説が噴出したようだ

CTスキャンを受けた縄文土偶

私が研修医のとき（一九八四年ごろ）、非常にむくんだ妊婦さんを見た際に、土偶が妊婦を表現していることを直感的に悟ったのであるが、ほぼ同時期に一部の考古学者や梅原猛さんも「土偶＝妊婦説」を主張していた。妊婦に絞り込むというのは、当時としては大胆な説である。

その後、同説はしだいに多くの考古学者たちにコンセンサスが得られるようになり、国宝に昇格した八ヶ岳山麓の棚畑《たなばたけ》遺跡から出土した「縄文のビーナス」も妊婦土偶であろうと結論づけられた。

お腹の大きな「縄文のビーナス」が、まるで生きている人間のようにCT検査を受けたことは、医師でもある私には少し奇妙な気もする。おそらく内部に胎児のような人形《ひとがた》が入れ子になっているかどうかを調べたのであろう。多くの女性土偶は、不幸にもお産で亡くなった妊婦とともに埋葬されたものと私は解釈しているからだ。

いくつかの要因があるにせよ、「世界でもっとも検査好き」と言われる我々日本人である。

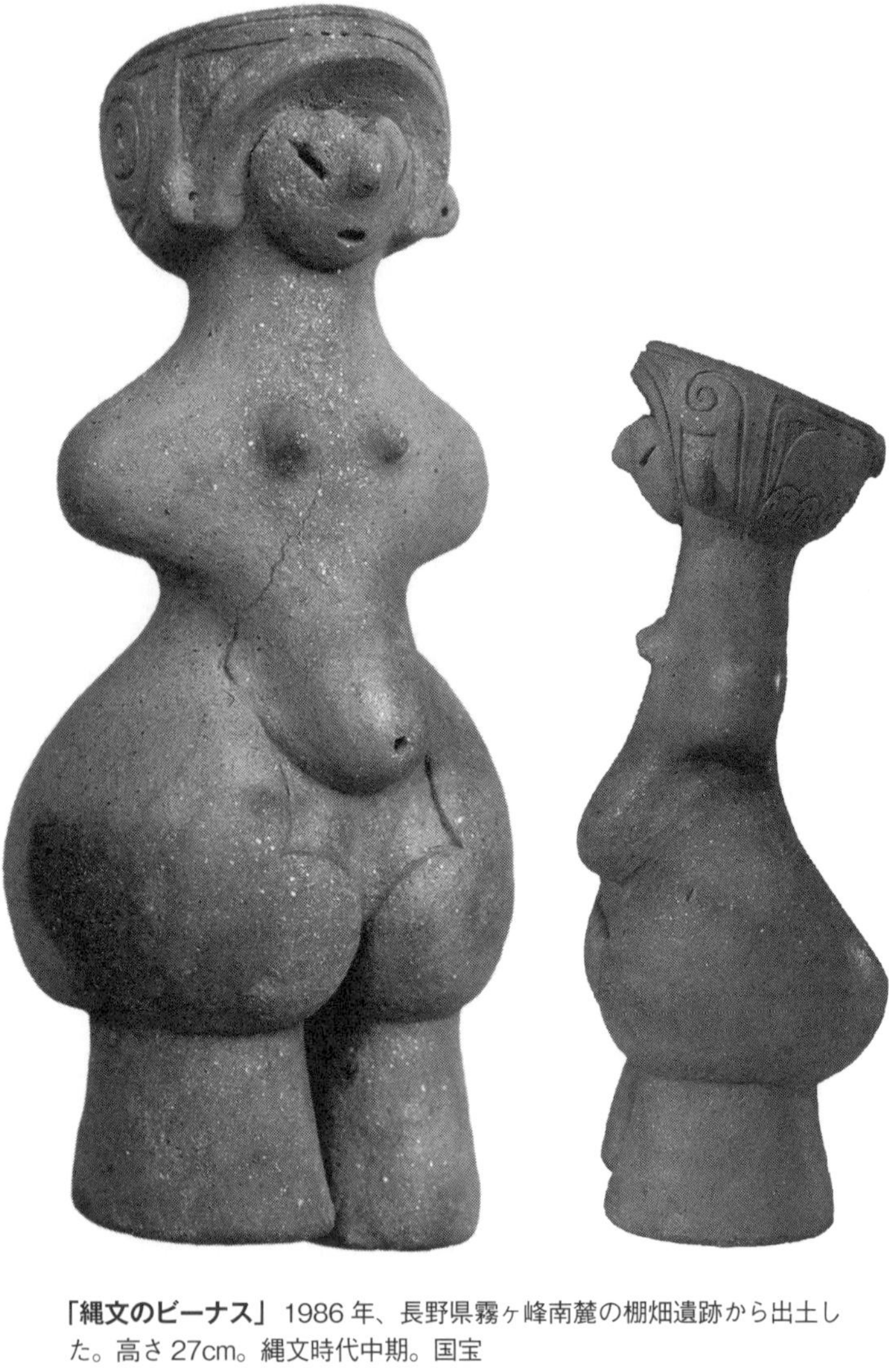

「縄文のビーナス」 1986年、長野県霧ヶ峰南麓の棚畑遺跡から出土した。高さ27cm。縄文時代中期。国宝

ＭＲＩ装置の保有数は日本がダントツで世界一であり、同機械が地方の小さなクリニックにも設置されていることに、外国人医師は驚く。したがって、縄文土偶に対しても特別待遇のＣＴ検査が行われていても、なんら不思議ではない。人形に対するＸ線検査被爆を問題にする人はだれもいないであろう。

土偶は死産で亡くなった妊婦の魔除け

土偶の多くは妊婦を表している。とくに、不幸にもなんらかの産科的異常によって、赤ちゃんを母胎に入れたまま亡くなったしまった妊婦を弔《とむら》うためにつくられたものであろう。その理由は、多くの土偶の体部には不思議な線がくっきりと刻まれている。それは、胸の下から下腹部までの縦一本の正中線で、考古学的にはジッパー付きワンピースを着ている姿と解釈されてきた（縄文時代中期：山梨県鋳物師屋《いもじや》遺跡、重要文化財）。

だが私は、「体幹正中線は衣服のジッパーではなく、母体の妊娠線が強調されたものである」と、臨床体験をもとに一九八五年に推論を立て、それは最近の考古学の定説になりつつある。

さらに、土偶の驚くほどの苦悶の表情を加味すれば、「赤ちゃんを母胎に入れたまま亡くなったしまった妊婦」と考えるのが妥当であろうと考えている。

縄文社会では、不幸にもお産で亡くなった妊産婦をどのように処遇したのか、という疑問が出てくる。おそらく、死産にかかわった女性（現代で言えば、産科医・助産師）は、くっきりとお腹に浮かび上がる妊娠線を目印に、石刃《せきじん》を使い、妊娠線に沿ってお腹を縦に裂いたであろう。そして、母体と同時に命を落とした胎児を取り出し、亡くなった妊婦の胸に抱かせたであろう。

妊婦死亡が多かった古代では、そのような妊婦葬礼が世界中で行われていたのではないだろうか。つまり、妊婦土偶は、亡くなった妊婦が埋葬されたことを表す魔除けの人形であろうと推測する。

感性が人並みはずれた梅原猛さんは、アイヌ民族の古い習俗に、亡くなった妊婦のお腹を裂いて母体とともに亡くなった胎児をこの世へ引っ張り出して祈りを捧げるという、原始的医術の葬礼があったことを、アイヌの古老から聞き出していた。アイヌ社会以外でも、日本には亡くなった妊婦をそのまま埋葬すると「産女（ウブメ、ウンメ）」になるという民俗学的概念は古くから存在する。

妊婦土偶　妊娠線が強調されている。山梨県南アルプス市、鋳物師屋遺跡出土

梅原さんは、ある民俗学者の話として、明治時代の福島県にはそのような風習が残っていたと述べている。「産女」とは、亡くなった妊婦の亡霊であろう。「赤ちゃんが産まれないままに妊婦が死んだ際は、お腹を裂いて胎児を取り出し、母親に抱かせたり負わせたりして葬るべき」とする伝承は、我々現代人の想像以上に日本各地に残っていることに驚く。胎児を取り出せない場合には、人形を添えて棺に入れる地方もあるという。

この風習の原型も縄文の土偶埋葬であろう。

縄文文化の深部にある「妊婦再葬墓」

古代日本には、死者をいったん埋葬し、内臓を除いて浄化したのちに人骨を取り上げ、壺形土器などに収納して再埋葬する「再葬墓」という墓制があった。最近、その証拠と思われるたいへん貴重な女性人骨が、約八〇〇〇年前の愛媛県上黒岩岩陰《かみくろいわいわかげ》遺跡から発掘された。その女性の骨盤骨には鹿の角のヤリが突き刺さっており、骨盤の形状から、出産直後の妊婦で再埋葬されていたことがわかった。

出産した直後の妊婦であると判断された理由は、骨盤に妊娠痕を発見したからだ。妊娠痕とは、骨盤の寛骨腸骨《かんこつちょうこつ》部後方にある、出産した女性にしか見られない凹《くぼ》みで、この骨盤内面の凹みは、分娩の際に胎児がこのあたりの骨盤の骨をこすって出ていったという証拠になっている。「産みの苦しみ」とは、骨をこすりつづける痛みのことなのだ。ヤリを突き刺したのは、出産時に死亡した妊婦の霊を封じ込めるための呪術的儀礼ではなかったか、と推察されている。

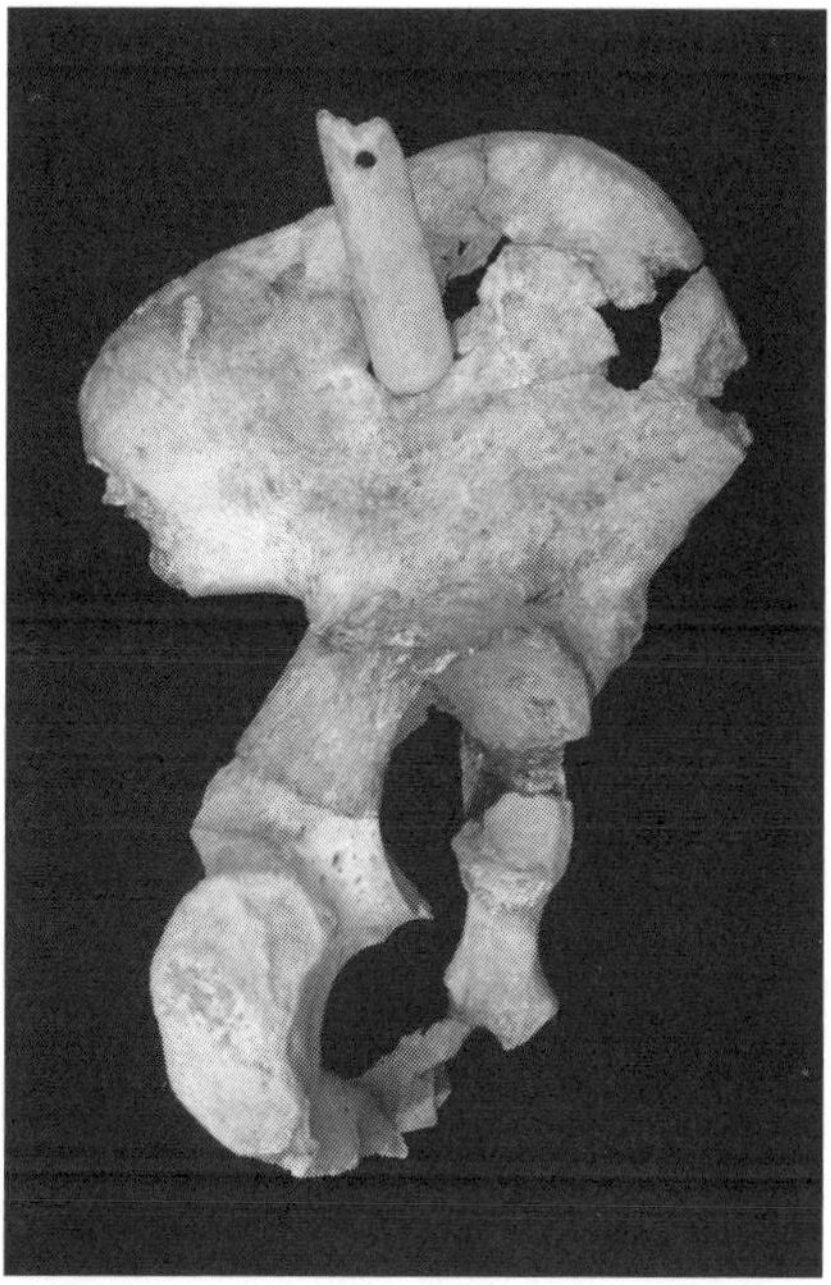

出産後の妊婦の骨盤　鹿角製のヤリが突き刺さっている。愛媛県久万高原町、上黒岩岩陰遺跡出土

これらの原始的な行為の参考となる遺骨が、もっとも古い時代の人類の骨から発見されている。アフリカ大陸エチオピアのボドで一九七六年に出土した推定六〇万年前のホモ・ハイデルベルゲンシスの頭部には、石器で切りつけた無数の傷があった。死者の肉体を傷つける行為は死者に対する象徴的儀礼行為で、それを人類の信仰のはじまりと解釈する考古学者もいる。

さらに、死体を埋葬する習慣はホモ・サピエンスが最初だとされてきたが、ネアンデルタール人も洞窟内に簡単な穴を掘って初歩的な埋葬を行っていたことが判明した。

再葬墓は弥生時代前期の東日本に集中的に見られることから、縄文時代の再埋葬の風習を踏襲して改変した可能性がある。弥生初期の渡来人と先住者であった縄文人との和合は、東日本で色濃かったようだ。

性器を表した南米大陸の土人形と縄文土偶

アフリカ中南部で誕生した人類が地球の各地にどのように移動していったのか、これまでさまざまな議論が成されてきた。アメリカ大陸への人類の移住については、北アジアに住んでいたモンゴロイドが、当時陸続きだったアリューシャン列島を歩いて渡って北米大陸に達して先住民となり、その後、少しずつ南下して中米を越え南米大陸の隅々まで達したという考え方が主流だ。

中南米の先住民であるインディオには、日本人と同様に幼少期までお尻に青いアザである「蒙古斑」がある。この古典的な遺伝学的形質は、彼らがモンゴロイドであることのなによりの証拠だ。

だが最近、驚くべく移住経路説が出された。それは、日本列島の縄文人が遥かなる太平洋の大海原を手漕《てこ》ぎ舟《ぶね》で渡り、南米大陸まで到達していたのではないかという説だ。そのおもな理由はいくつかあるが、まず、縄文プロダクツの伝播についてである。南米エクアドルで発掘された四一〇〇年前のユニークな形の土製人形《ひとがた》は、世界のほかのどの文明の人形よりも日本の縄文土偶に近似している、と考古学的に評価された。

この古代エクアドルの土製人形は、全体が女性と男性の両方の生殖器を表していて（両性具有）、群馬県の荒砥上川久保《あらとかみかわくぼ》遺跡を筆頭にいくつかの縄文後期の遺跡から出土した両性具有の筒型土偶と類似する。

これらの両性具有の人形は、弥生時代以降の遺跡には決して見ることができない希少な縄文遺産である。もともと南洋の民であった縄文人が、我々現代人の想像をはるかに超えた太陽信仰のもと、日の出という生命の誕生を彷彿《ほうふつ》させる「楽園」を求め、さらなる東へ東へと長い船旅に出て行った可能性は十分にあり得るのだ。

コラム　メキシコの先住民ナワ族の母胎信仰

母体死亡という、この歴然たる最悪の結末は、古代ではよく遭遇した事態であり、医療が近代化するまでどうすることもできず、ただひたすら神に祈るしか術《すべ》はなかった。古代から比較的最近まで特殊な習俗として存在した「妊婦再埋葬」の事実や、自説である「古代の原始的帝王切開」という手段を取ることで、亡くなった母体は慰霊され、母子の魂は必ず再生するという強い信仰が生まれたのであろう。

信仰というのは「どうしようもない事態」の体験から発生する。古代の狩猟民族は動物の解体が日常の仕事であるため、哺乳類の解剖学の知識も十分にあったはずだ。人間もほかの哺乳類も解剖学的には大差ない。実際に北米インディアンのブラックフット族は、祭祀の際に牝《めす》の野牛（バイソン）から胎児を取り出していた。

さらに、最近発掘された群馬県の居家似岩陰遺跡《いやいいわかげ》（縄文早期、八三〇〇年前）では、死者の上半身と下半身を腰部で切り分けて埋葬していた。つまり、縄文人は亡くなった人を解体していたのである。これらの史実は、「縄文人は動物の解体から得た知識で、亡くなった人間の解剖を行っていた」（自説）を強く支持するものである。

つまり、母体が瀕死の状態において妊婦のお腹を切って胎児を取り出すという行為は、縄文の原始的医術として十分にあり得たと私は確信しており、それが帝王切開術の原点であろう。

メキシコの先住民であるナワ族が使っていた絵文字（記号）には、「死体」を表す珍しい記号がある。それは図のように、胎児のような姿勢で縄にくくられている。

つまり、ナワ族は母胎（子宮）の中での胎児の姿勢というものを衆知していたことになり、これは、不幸にも胎児を入れたまま亡くなった妊婦を日常的に解剖して胎児を取り出す習慣がないとわからないであろう。

縄でくくったのは、天に召されたら永遠に胎児のままでいさせたいという古代人の「母胎信仰」であろう。縄文人の「屈葬」も同じ精神性であるだろう。

ナワ族の絵文字　「死体」を表す珍しい記号。

第3章

神社と安産信仰

第1節　神社の成り立ち

産屋は神社の原型

産屋《うぶや》は、女性にとって新たな生命を産み出す聖域である反面、多量の出血をともなう恐ろしい戦場でもある。必然的に、お産には、生まれることと死ぬこと、言い換えれば「天国と地獄」が共存する。

首長や豪族の姫のお産であれば、クニやムラをあげての祈祷《きとう》と祭事があったはずだ。そして、産屋への参拝が、日本人の「自然体としての宗教観」ともいえる神社信仰の様式につながっていったのではないだろうか。

医療が未発達だった古代、予想外の難産に陥ってしまい、産みの苦しみに耐えつづける王家の姫が籠《こも》る産屋の前には、村人たちが長蛇の列をつくり、幾度も頭を垂れ、手を合わせて膝《ひざ》をついて祈りを捧げ、帰っていく。そのような胸を打つ古代の光景が、産婦人科医である私には見えてくる。

つまり、産婦が命がけで新しい生命を産み出そうとしている産屋の前に、村人たちがつぎつぎとやってきてお参りし、安産祈願をするようになった。このことが、神社の成り立ちの大きな要素のひとつになったのかもしれない。

多くの神社は、こんもりとした山や森を背景としており、それはまるで妊娠した母体の丸々としたお腹のようである。拝殿《はいでん》と本殿《ほんでん》という二つの部屋がつながったような形から成る社殿は、構造的にも子宮《しきゅう》に似ている。おそらく社殿の構築は、子を身籠った子宮を想定して着想したはずだ。「宮」という字の「呂」の形も、つながった二つの部屋を表していて、解剖学的に子宮の構造と合致する。

ひいては、「籠る」の語源は、子宮の中にひっそりと住むという意味であろう。神社に一定期間籠って祈願することを、古くから「参籠《さんろう》」という。神が降臨するまで「籠る」のが、マツリの本体である。産屋を神社の原型と考えると、すべてのつじつまが合うのだ。

出産という生理現象は、永遠に神秘的なものである。産屋は新しい生命が生まれ出るもっとも尊い場所であり、母なる子宮を意味している。

産屋は聖なる密室であり、産屋のもつもうひとつの意義は、生まれ出る赤子と血のつながる祖霊《それい》を再生することであろう。産屋は、祖霊の力を借りて命がけで新しい生命を産み出すという、女性の強い精神性が込められたところ（母胎）であり、それが神社信仰のひとつの成り立ちになったのではないか。

それでは、「神社一帯は妊婦を表している」という自説を、具体的に説明しよう。

おそらく弥生〜古墳時代の人たちは、それまでの縄文社会の出産・埋葬・祭祀という形式を礎に、祖霊神が宿って新しい生命が再生される新たな場として「神社」というものをつくり上げていった。まず赤ちゃんが生まれ育つ子宮を社殿（産屋）に見立て、もっとも大事な子宮内の胎児を勾玉《まがたま》に、丸い胎盤を鏡、そして、捻《ねじ》れているへその緒《お》をしめ縄で表し、社殿に掛けて祀《まつ》った。

勾玉には、本体に小さな勾玉が複数個付属する愛らしい型式（子持ち勾玉）があり、全国で約四五〇個出土している。子持ちという着想からも、「勾玉胎児説」は強く支持されるはずだ。しめ縄には、神の化身であり脱皮という形で命を再生する蛇が交尾をしている姿の意味も秘められている。

子宮から外へとつながる狭くて硬い組織でできている産道（膣《ちつ》）を、硬い石畳の参道として見事に形づくり、その横には清らかな羊水《ようすい》を表す手水舎《ちょうずや》を配置した。証拠は出てくる

壺石と勾玉　入れ子である勾玉は胎児のイメージ。奈良県田原本町、唐古・鍵遺跡出土

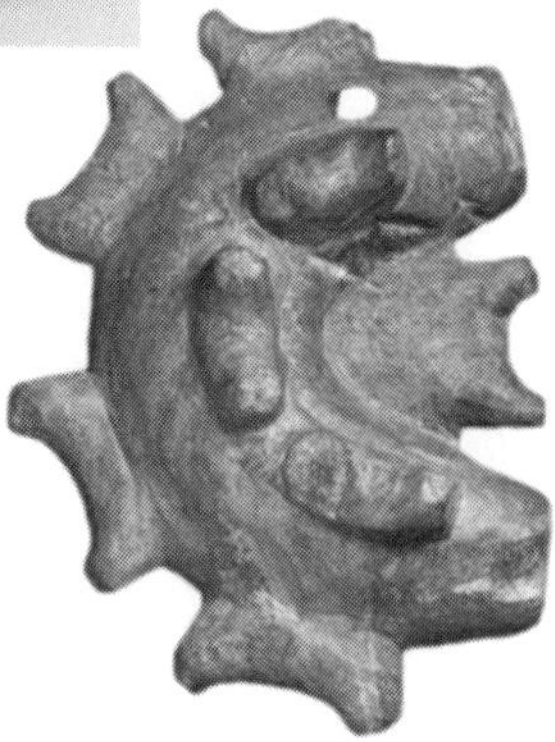

子持ち勾玉　初期の胎児に似た形。奈良県香芝市、狐井稲荷古墳出土

はずもないが、まさに本能的でオ気あふれる着想だ。手水舎を産道のすぐ横に位置づけた理由は、お産のときの破水を意味しているからであろう。

最後に、産道の入口、つまり赤ちゃんの出口にあたる外陰部をランドマークの鳥居として赤門のようにに標識したであろう。

このように、神社一帯は間違いなく妊産婦の生殖器を表現したものであることを産婦人科医である私がはじめて発見し、その十分な根拠を示したつもりである。つまり、鳥居は「これから先は女性のもっとも大事なところ、祖霊神に魂が宿り、新しい命が産まれる聖域ですよ。だから、おごそかな心で中に入りましょう」とわかりやすく教えてくれているのである。

鳥居が赤いのはお産の出血への畏怖

日本には、どんな大都会や田舎の片隅にも、神社の入り口に鳥居《とりい》がある。山間部や海辺でも同様で、鳥居は古代から連綿《れんめん》とつづく日本社会の普遍性というものを端的に示してくれている。鳥居は世界に誇れるオブジェであり、永遠に守りつづけるべき文化遺産だ。

だが、神社のランドマークである鳥居は、いったいいつごろから日本でつくられはじめたのか、未だに解明されていない。

「鳥を神の化身とした時代に、神の使いであるニワトリを横木に止まらせて祈りの場を印したのがはじまり」などの説があるが、定説ではない。アジアには古くから鳥居に似たようなオブジェがあるので、北や南からの複数の移入文化が混合してできあがったものかもしれない。

私がここで取り上げたいのは、なぜ鳥居の多くが朱色に塗られているのか、という疑問だ。鳥居が朱色の理由は、魔除け説・厄払い説などが有力で、それについては私も同意する。しかし、古墳内部の塗装もそうであるが、なぜ魔除けには赤（朱色）でないといけないのか、という点は未だに謎である。結論から言えば、「鳥居の赤は血液の色、お産での出血」を意味していると私は考えている。

神社のエントランスにあたる鳥居は母胎《ぼたい》への入口を表しており、ここからが女性のもっとも大事なところ（聖域）で男女の交りの場（性交）でもあり、この奥には子を宿すもっとも大切な部屋（子宮）がある。そして、「ここは赤ちゃんの出口でもありますよ」と教えてくれているのだ。実際に、女性の外陰部をデフォルメすると、鳥居のようにシンプルな左右対称の門のような形になる。我々が住む家の門も、入口（性交）であり出口（出産）なのである。

当然、赤ちゃんが産まれる際の子宮からの流出血によって、外陰部までが赤く染まる。鳥居が赤いのは出産での聖なる血を表している、と私は原理的に考えている。

社殿は子宮本体なので、それにつづく硬い石畳の参道は、シャレではないが、「産道」であると私は以前から語っている。その参道に関して、高視聴率を取りつづけているテレビ番組の「ブラタモリ」でじつにおもしろいシーンが数年前に放映された。

ある由緒正しい神社に参拝したタモリ氏は、参道の上に立ち、「参道は産道、なんちゃって…」と微笑みを浮かべながら言い放ったのだ。それを見たタモリファンで同じ福岡出身の私は、彼の直感的なセンスにあらためて「いいね！」を送った。

神社の狛犬は安産の守護

狛犬《こまいぬ》は「高麗犬《こまいぬ》」とも表記され、飛鳥時代に仏教とともに日本に伝わったとされるが、正確なところはわかっていない。また狛犬の起源は、古代インドの寺院の守護獣である獅子とされるが、さらに溯ってエジプトのスフィンクスにたどりつくという説もある。神社の境内や社殿の入口に左右一対で睨《にら》み構える姿は神さまの守護であり、魔除けであろう。狛犬が祀られる神の守護であることに異論はないが、もうひとつ大事な意味が隠されていると私は考えている。

それは、安産の守護である。犬は動物のなかでも多産で安産なことがその理由だ。だから、妊婦が腹帯を巻くのは古くから戌《いぬ》の日と決められている。

これまで述べてきたように、神社は妊婦の表現形で、社殿は子を宿した子宮（母胎）と

鮭神社　産卵のために遡上するサケを神の使いとする。絵馬の代わりにサケにまつわる代物が奉納されている。福岡県嘉麻市

みなされる。古代日本では安産の守護という付加的な意味合いをもたせ、母胎である社殿前に狛犬を配置するようになったのではないだろうか。

狛犬をよく観察すると、その造形にはさまざまなバリエーションがある。これが日本文化のおもしろさだ。福岡県の遠賀《おんが》川《がわ》の上流にあたる嘉麻《かま》市に「鮭《さけ》神社」という珍しい名の古社がある。鮭を神社名にしているのは、ここと出雲にある一社だけで、古代の遠賀川流域と出雲のつながりが示唆される希少な社だ。

名前の由来は、サケが遠賀川を産卵のために遡上《そじょう》することにちなんでおり、サケを神の使いとして祭り、「子孫繁栄」

子を抱く狛犬　母子愛を表している。福岡県北九州市若松区、恵比須神社

堂々と男根をさらし出した狛犬　福岡県水巻町、伊豆神社

を祈願する。鮭神社の境内には子どもを背負った狛犬が置かれていることからも、狛犬は安産祈願や子孫繁栄にからんでいることがわかる。

さらに、北九州市の若松恵比須《わかまつえびす》神社には、子を抱く愛らしい狛犬が置かれていている。「狛犬は安産の守護」を支持する物証のひとつとなろう。

さらにユニークなのは、遠賀郡水巻町の伊豆神社境内《けいだい》に置かれている逆立ちした狛犬で、堂々と男根をさらし出している姿には笑いを超えた感動がある。これぞ「生殖考古学」の醍醐味である。

第2節　祭りの神輿は何を表すか

「神社・妊婦説」を支持する奇祭

持論である「神社・妊婦説」を支持してくれそうな祭りは、全国に数多く散らばっている。そもそも弥生文化の基層として成り立った神社は、五穀豊穣を願う稲作信仰の場でもある。稲作には多くの人手が必要であり、そのためには、若い女性に多くの子供を産んでもらうしかない。産屋《うぶや》を中心に子宝を願い、多産と安産を祈願する場として、神社を妊婦として祀るようになったと私は考えている。

産屋が神社に発展し、妊婦の聖地となった。神社での受胎と安産祈願は、根源的な生命誕生の場である「原始の女陰信仰」に回帰する。「姫宮」と呼ばれる社殿には女陰に似た石や樹木がよく祀られていることも、神社・妊婦説を支持してくれている。

一方、子宝をつくるには当然男性の力が必要であり、大胆にも男根を模したオブジェを神輿に乗せてかつぐ奇祭や、ユニークな豊年祭が催される神社もいくつか存在する。愛知県小牧市の田縣《たがた》神社はおよそ直径六〇センチ、長さ二メートルの檜《ひのき》製の大きな男根を神輿に乗せて五穀豊穣と子孫繁栄を祈って練り歩くことで知られる。

このような性的奇祭を古式豊かに、それも明るく堂々と行いつづけてきた日本の民俗伝統は、底知れぬソフトパワーを発現している。

日本の祭りの原型を示していると言われる長野県茅野市の諏訪大社の御柱《おんばしら》祭も、天まで届くような大木を男性のシンボルと見立て、生殖の根源である男根崇拝を表しているのであろう。

神輿は子宮を表している

これまで述べてきたように、神社という概念の本質は生命の誕生と再生にあり、その原型は産屋にあると私は考えている。神社一帯は、子を宿した妊婦を表現していて、鏡（胎盤）や勾玉《まがたま》（胎児）を祀る社殿は子宮本体である。手水舎《ちょうずや》が必ず参道（産道）のすぐ横に位置するのは、〝お産が進み破水が起こり、きれいな羊水《ようすい》が産道に流れ出てきました、いよいよお産ですよ！〟ということを表現しているのであろう。

お産で母子が命を落とすことが多かった時代では、ひたすら安産を祈るしかなかった。神社にあるそれぞれのモニュメントには、古代の安産信仰の要素が見事に隠されているのだ。安産信仰をもたらしてきたのは、海のように広く大きな母性愛であり、羊水の起源も母なる海なのである。

男には絶対に感知できることのない〝母性〟という大海である。

山梨県の山中諏訪《やまなかすわ》神社には、珍しい安産祭りがある。同社の夜祭りに参加し神輿《しんよ》をかついだ氏子《うじこ》の女性には、子授け・安産のご利益があるとされる。神輿は移動式の神社の社殿であると思われるので、神輿は子宮を表現する社殿の代わりとして存在しているのであろう。このような祭りにも、日本人が本来有している大らかな感性を見ることができ、南洋的、縄文的な原文化を感じる。

また、能の起源である神楽《かぐら》のなかには、太古の昔の原型を留めていると思われるものも、ごくわずかだが地方の山奥に残っている。国指定重要民俗文化財である宮崎県の椎葉《しいば》神楽では、山の神である「荒神」が胎児のようにみずからの頭に胞衣《えな》をまとい、母胎そのものを模した舞台に現れるという。

椎葉神楽　山（母胎）に登っていくと胎児が安定していくという観念。宮崎県椎葉村

古代では山自体が母体とみなされ、神社は母体の象徴である母胎つまり子宮であり、社殿内に巻かれる白い幕は胎児を包み込む羊膜《ようまく》ということになろう。こんもりとした丸い山は赤ちゃんを入れた妊婦のお腹を連想させる。そのような形の山は女神が住む山として崇《あが》められ、それが奈良の三輪山《みわやま》をはじめとする神名備山《かんなびやま》信仰に発展していったのであろう。

洞窟を子宮と見立てた「胎内くぐり」

洞窟に入って祈ることは「胎内くぐり」の原点とされる。石川県小松市の那谷寺《なたでら》は胎内くぐりの長い歴史をもつ。同寺は養老元年（七一七）に泰澄《たいちょう》が開創した古刹《こさつ》であるが、もともとは弥生遺跡洞窟で、その後、白山《はくさん》信仰とともにオオナムチノカミ（大己貴神）が祀られ神道の儀式が行われていた。

那谷寺のホームページに胎内くぐりがわかりやく説明されているので、紹介したい。

古来、洞窟は岩屋と呼ばれ、住まいとしても使われてきた。そして、洞窟は死と葬の場でありながらも、他界への入口、すなわち母の胎内とも見られ、胎内に籠《こも》り、生まれ、また戻って再生をするというはたらきを負っていると考えられてきた。実際、縄文時代には、住居の入口に死産児を甕《かめ》に入れて埋葬し、つねにそこをまたいで通る母の胎内にふたたび生まれることを願った。

岩屋を巡る「いわや胎内くぐり」を巡ることで、この世の罪を洗い流し、ふたたび母の胎内より新しい自分に白く清い魂が生まれ変わり、出直すことを祈ることになる。黄泉《よみ》から帰り、禊《みそぎ》をして清《きよ》まる。あの世からこの世に生まれるという魂の輪廻《りんね》転生《てんせい》を感じ取れることでしょう。

つまり、神道儀式かつ仏教行事でもある胎内くぐりの源流は、古代の洞窟を子宮と見立てた原始宗教にたどりつくのである。出雲には加賀潜戸《かかのくけど》という有名な海岸洞窟があり、ここにも受胎神話が残っている。加賀とは「かか（母）」、つまり母胎のことであろう。

洞窟は海岸だけでなく、山麓にも存在する。富士山麓にも胎内と称する洞窟が複数あり、船津登山道の船津《ふなつ》胎内樹型《たいないじゅけい》はコノハナサクヤヒメが出産したと伝わる女陰形の洞窟でリアリティが高い。

御殿場の印野《いんの》胎内も船津胎内と同様に女陰形の形状であり、洞窟に対する人間の根源的

加賀潜戸　佐太大神の生誕地とされる。島根県松江市

印野胎内の入り口　産道のイメージを表している溶岩隧道。静岡県御殿場市

な想いは原始に発せられたものであろう。もともと、霊長類は夜行性で樹木の上で生活していた。そして、若いカップルができると、木の大きな洞に愛の巣をつくって新たな住処《すみか》とした。そのような原風景が木の洞や岩の洞窟には存在し、我々ヒトが原始の霊長類であったはるか太古の記憶が、もしかしたら我々の脳内に潜在しているのかもしれない。

出生、死、そして再生「茅の輪くぐり」

日常生活の周辺や古い習俗には、出産・出生という生殖者としての最大の喜びを祈るしきたりが、姿・形をかえて表現されている。それらを探し出すことは、古代史解明のヒントにもなり、伝統や民俗文化と触れ合える楽しい作業でもある。

神社にかかわる習俗のなかで私がもっともおもしろいと感じるのは、「小さな鳥居くぐり」だ。神社の入口にどんと構える鳥居をくぐるのは、当然、参拝する際の必須な通過儀礼であるが、わざわざ、特別にこしらえた小さな鳥居を這いつくばってくぐらせるところに、生命の本質を熟知した愛らしくもある日本固有の民俗文化が見事に凝縮されている。

神社で行われる胎内くぐりのなかでもっともよく遭遇するのが、「茅《かや》の輪《わ》くぐり」だ。

鳥居のミニチュア　医薬の祖スクナヒコを祀る粟島神社。福岡県福間市

安産祈願絵馬　熊本県宇土市、粟島神社

茅の輪くぐりは多くの神社の恒例行事のひとつで、いかにも日本らしい心温まる祭事である。私は、茅の輪くぐりは出生と死、そして再生を意味していると考えている。

神社の社殿が母胎（子宮）、拝殿からまっすぐに伸びる石畳の参道はまさに産道である。参道の中央に配置された円形の茅の輪は産道の中心である膣《ちつ》を表し、その中をくぐり参拝してまた出るという行為は「産まれ直し」を意味している。

つまり、「たとえ亡くなったとしても、もういちど産道を通って母胎（子宮）に入り胎児に戻してもらいましょう。そして、この世の厄《やく》を払い、清らかな水（羊水）で身を清め（禊ぎ）、また、母胎から産道（参道）を通って外に出てきてください（再生）」という通過儀礼であろう。

茅の輪くぐり　産道を表しているように見える。京都市、護王神社

御神木胎内くぐり　空洞は産道をイメージしている。栃木県日光市、日光二荒山神社

茅はカヤというイネ科の植物のことで、「茅の輪くぐり」も弥生時代以降にはじまった農耕儀礼のひとつであろう。古代、定住型農耕社会によって多産が奨励され、安産祈願の重要性が高まった。同時に五穀豊穣も多産にたとえ、豊作への祈りを捧げたのである。

神社の習俗を参考にしたのか、前述したように、寺院にも胎内くぐりは散見される。大木を輪切りにして中をくりぬき「御神木胎内くぐり」と明記したものを日光二荒山神社でも見かけた。

旧家や民家に眠る古代史の真実

日本の神社や寺院、そして旧家や民家には、今でも数多くの古文書が静かに眠っているはずだ。逆に言えば、天災や放火・失火・戦い、社殿や家屋の改築や社財・家財の整理によって、おびただしい数の文書が消失しているであろうことも想像に難くない。

それらのなかには、日本の古代史をひっくり返すような文書も存在したかもしれない。ある研究報告によると、古文書の九九パーセントは文化財に指定されていないという。私たち個人単位でも、引っ越しや大掃除の際に大事な記念品や思い出の手紙・写真が散逸《さんいつ》してしまうことはだれしもが経験することであり、だれかが思い出したくもないものは人為的に失われていくのだ。実際に、二〇二〇年七月の熊本県南部を襲った豪雨によって、未登録や未認定の文化財も多くの被害を受けた。とくに古文書は傷つきやすく、水没すると墨で書かれた文字が消え失《う》せてしまうので、熊本県が古文書も対象として「文化財レスキュー事業」を早々に開始した。

そのなかに、世界文化遺産となった福岡の宗像《むなかた》大社の大宮司家に縁があるとされる宗像才鶴の素性を示す貴重な資料が、多良木町の民家にあった。宗像は出雲と密接な関係がある古代の要衝《ようしょう》であり、この家系図は倭国から大和への成り立ちを教えてくれるのかもしれない。

現時点では古代の宗像は出雲の分家と考えたほうがよさそうだ。古代王権は出雲から邪《や》馬《ま》台《たい》国《こく》を経て大和に移行したのであろうが、その後、時は流れて中世になっても出雲の神霊なるご威光は続いていた。平安時代の法令集『類聚三代格《るいじゅうさんだいきゃく》』には、出雲大社の神主が領内の娘を釆女《うねめ》（専属の女官）にすることを桓武《かんむ》天皇が禁じたことが記されている。天皇みずからが禁じるほど、古代出雲の力は壮大であったのだ。

現在も出雲では、〝先祖はスサノオ〟と臆面《おくめん》もなく公言する旧家がいくつかあることは、古代史研究者間ではよく知られている。ややあいまいともいえる評価が長くつづいている古代日本の歴史の真実を本気で解明するためには、全国の神社や旧家・民家に眠っている膨大な量の古文書を一か所に集約して選別・吟味し、高精度で公正なる鑑識・鑑定のもとに査読していく作業場が必要であろう。だが、これまでの史学史を振り返れば、その実現性はきわめて低いと言わざるを得ない。

コラム

「受精」を彷彿させる西宮神社の十日えびす神事

恵比須《えびす》系神社の総本社である兵庫県西宮市の西宮神社の十日えびすは、阪神地域の最大のお祭りで、神社周辺は毎年一〇〇万人以上の参拝者であふれかえる。そのなかでもとくに盛り上がるのが、参拝者が本殿までの二三〇メートルを走り参りする「十日戒開門神事福男選び」である。毎年メディアなどで報道されるので有名だが、神事というより、まるで陸上競技のような駈《か》けっこだ。先着三名が福男と認定されるので、健脚自慢の戦いになっている。

私は毎年この光景をテレビのニュースで見ていて、生命誕生のワンシーンとそっくりだなと思う。これまで述べてきたように、神社一帯は妊婦を表していて、神社の本殿は子宮本体である。その本殿に向かって大ぜいの男性が一斉に突進、突入していくという光景は、一番乗りを競って子宮内へと多量の精子が必死に泳いでいく光景とそっくりだ。つまり、「受精」のシーンそのものなのだ。もっとも速い男が福男に選ばれるという神事は、もっとも活発な精子が選ばれるという受精のメカニズムを完全に踏襲している。

人間の成人男性では、一回の射精で約四億程度の精子が放出されるので、四億分の一とはすさまじい生存競争である。さらに、福男が本殿にたどりついても扉は開かず中には入れてもらえないという状況も、卵子が一番乗りした精子をそうやすやすと受け入れないという仕組みにそっくりだ。

女性の排卵自体も一生涯に四〇〇個～四五〇個程度と推計されている。もともと、胎児期の卵巣に潜む原始卵胞が約五〇〇～六〇〇万個と推定されているので、約〇・〇一パーセントの卵しか排卵にまで達しないという、これもまたおそるべき低い生存率である。

十日戎開門神事福男選びは、まさに生殖考古学の醍醐味を感じる神事であり、独自性の高い日本文化の真骨頂だ。なお、本社の主祭神はヒルコ神（蛭子神）であり、北部九州の遠賀川《おんががわ》から葦《あし》の舟で流されたあと、このあたりで上陸したのか、えびす様として復活している。ヒルコ神の東遷も、九州にあった可能性がある原大和の東遷を意味するものであろう。

第4章

古代の出産を現代医学からみると

第1節　たいへんな古代の出産

立花山は出産で亡くなったイザナミの遺影

ミステリアスな古代日本を解明するうえで、博多湾沿岸地域（筑紫）は最重要地のひとつであろう。同地域には日本最古の水田稲作跡（板付《いたづけ》遺跡）が発見されており、イザナギが禊《みそ》ぎを行ってアマテラスをはじめとする多くの神々が生み出された地といわれている。そして『古事記』にある「筑紫の日向の橘の小門の阿波岐原」の五つの地名（筑紫、日向、橘、小戸、青木原）すべてが現存している。

さらに吉武高木《よしたけたかぎ》遺跡からは、「三種の神器」と同じ組み合わせの日本最古の豪華な副葬品が出土し、平原《ひらばる》遺跡からはわが国最大の古代鏡（内行花文鏡、国宝）が五面も出土しているのである。

博多湾のランドマークである立花山《たちばなやま》には、タチバナ（橘）という名が示すようにイザナ

立花山　妊婦が寝ているように見える。手前が博多湾。

ギ・イザナミ神話が根強く残っている。立花山と砂《さ》州《す》でつながる志賀島《しかのしま》は安曇《あずみ》族の本拠地であり、同島南西端からは金印（漢委奴国王印）も出土している。

私は、この立花山がまるで妊婦が仰向けに寝ているような姿であることをはじめて発見した

内行花文鏡　わが国最大の青銅鏡（国宝）。直径46.5cm。福岡県糸島市、平原遺跡出土

（二〇一九年ふくおかアジア文化塾「古代史講座」にて講演）。

国生みの海に臨む地に臥床《がしょう》している妊婦（立花山）は、お産で亡くなったイザナミであろうか。

二神山信仰とは出産を意味する

古代の人びとは、太陽信仰をその背景として、隣り合う二つのほぼ同形の山の間から太陽が出てくる日の出の景観をもっとも大事にしていた。その起源は縄文時代以前にまでさかのぼるかもしれない。

隣り合う二つの山が拝める最適なロケーションを探し出して簡素な遥拝所《ようはいじょ》を設け、「二神山《ふたがみやま》」として祀《まつ》ったのであろう。その後、山麓《さんろく》に神殿をつくって祭祀を行い、人びとが集まりはじめれば平野部に集落を築いていった。そのような原始信仰のひとつが、二神山信仰である。

私は、二神山信仰の根底にあるものも、「出産」ではない

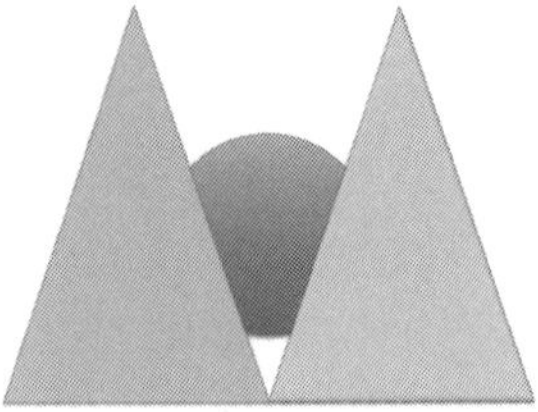

二神山（イメージ）と日の出
出産の構図と似ている。

かと考えている。つまり、二つのほぼ同形の山の間から太陽が出てくる日の出の景観というのは、母親の股（左右の太ももの間）から胎児の頭が出てくる出産の構図と、とてもよく似ているからである。

月を女神とする原始信仰と出産

世界のあらゆる神話では、太陽は男性神で、月は女性神であることが圧倒的に多い。だがおもしろいことに、日本ではそれが反対となる。太陽は女神のアマテラスオオミカミ（天照大神）で、月の神は男性のツクヨミ（月読命）である。この真逆性は、日本が独自の文明をもっていることを意味する。

ただ、日本と同様に太陽を女神とする民族もわずかに存在する。それは、北米先住民のイヌイット・チェロキー・ユチなどだ。

この事実は、日本人とイヌイットらの北米先住民に「太陽は女性である」という共通の原始神話が存在した可能性を示唆する。近年、縄文土器に描かれている模様のなかには、月を表したものが多いことが結論づけられた。月は満ちたり欠けたりするので、月は生命《いのち》の再生を表しているというのがその理由である。

昔から、「お産は満月の夜に多い」という迷信がある。それは統計学的にはすでに否定された俗説であるが、いまでも産婦人科医のなかには、それを完全には否定しない名医がいることも事実である。

月は地球唯一の衛星であり、我々はそれほど意識していないが、月は太陽のつぎに地球を明るく照らしてくれている星なのだ。月はひとつの衛星でありながらも、その重力は地球に影響を及ぼし、潮の満ち引きを起こしている。

月がなければ、本当に干潮《かんちょう》も満潮も起こらないのであろうか。

月の満ち欠け、つまり公転周期は約二九・五日なので、我々の暦のほぼ一か月に相当する。旧暦では月齢《げつれい》が使われ、太陰暦《たいいんれき》と呼称された。日本も太陰暦を明治五年（一八七二）まで使用していたことは、現代社会ではほとんど忘れ去られている。不思議にも月の公転周期と女性の生理の周期（二八日余）はほぼ一致するので、毎月起こる生理のことを月経（月のもの）と名付けられた。

この宇宙医学的現象に最初に気づいた人間は、おそらく月経というものを体感できる若い女性だったのではないだろうか。つまり、原始から古代の女性は、男性よりもいち早く「暦」というものを認識したはずだ。暦は時間を支配していることの証《あかし》なので、暦は支配者の権威の象徴とされてきた。それゆえ、若い女性の月の満ち欠けに対する認知能力が、古代に多くの女王が誕生した理由のひとつだったのではないか、と私は考えている。

我々ホモ・サピエンス属では、出産までの平均妊娠期間は二六五・八日で、月の公転周期のちょうど九倍になるという事実もまた不思議な話である。だから昔は、出産の時期も天空の月を数えることで推定していた。つまり、二八日の月を一〇回過ごせばよい、と。

機械文明が急速に進んだ現在の産婦人科医療では、出産予定日は妊娠一〇週前後に超音波断層診断装置によって計測された胎児の頭臀長《とうでんちょう》（頭のてっぺんからお尻までの長さ）で決定、または補正される。現代人は月を見上げる回数が減るはずである。

第2節　「蛭子伝説」の謎

蛭子の母体

『古事記』の「イザナギとイザナミの最初の子は骨無しの蛭子《ひるこ》だったので、葦船《あしふね》に入れて流した（わが生める子良くあらず）」という一文が、私は長年気になっていた。

そして、私がはじめて「蛭子《ひるこ》胞状奇胎《ほうじょうきたい》説」を史学的かつ医学的な根拠をもとに提唱した。胞状奇胎はほとんどが流産となるので、船で流したという『古事記』の記述に合致する。つまり、イザナギ・イザナミ夫婦の最初の子は、異常妊娠である胞状奇胎だったと私は推察している。

胞状奇胎とは、本来胎盤になるはずの絨毛《じゅうもう》という組織が受精卵のゲノム異常で正常に発育できず、プクプクと小さな嚢胞《のうほう》の塊のようになる病態をいう。小さな嚢胞の塊が果物のブドウの房のように見えるので、俗に「ブドウ子」と言われてきたが、おそらくこれは西

蛭子胞状奇胎説（江本、2014）

ヒル（蛭）	胞状奇胎
湿地帯に生息	子宮内で羊水につかっている
軟体でぶよぶよ	浮腫状（水ぶくれ）組織
吸血する	出血が多い
卵が泡状	形が泡状

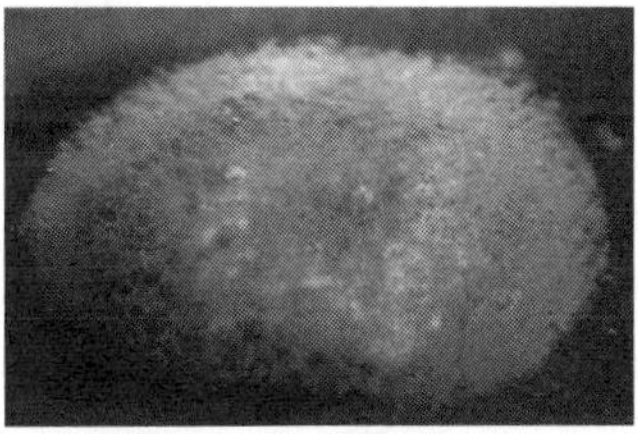
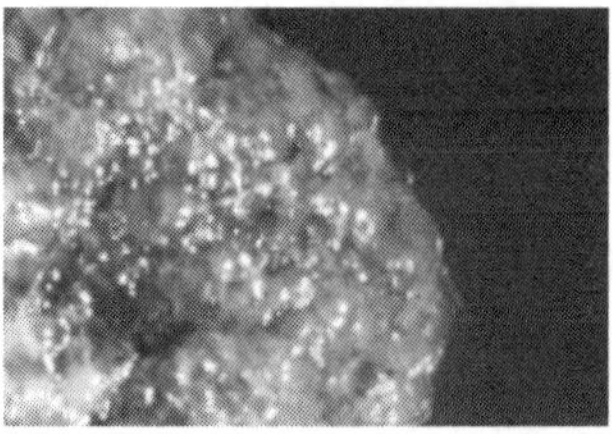

ヒルの卵（左）**と胞状奇胎**（右）　ともに、ぶよぶよした水ぶくれ状の組織からなる。

洋医学が入ってきたあとのことであろう。胞状奇胎は動物のヒルの卵にも非常によく似ているので、日本では古くから「ヒル（蛭）子」と呼ばれていたのではないかと私は考えている。

戦後に農薬が大規模に散布されるまでは、ヒルは日本中の水田に数多く生息していた。ヒルは人間の血を露骨に吸うので、昔は失血死した者も多かったという。

疫学的にも胞状奇胎はアジアに多く、古代の日本ではよく起こる婦人病であったはずだ。そこで私は、イザナギ・イザナミの謎を解く大きな手がかりとして「蛭子」を重要なキーワードに挙げ、古代の要衝の地にある「蛭子社」「恵比須社」

「蛭子・恵比須伝説」を追ってみた。

まず、国造りを行ったイザナギ・イザナミは水田稲作がはじまった弥生文化の開祖であり、水田稲作は北部九州が起点であったことに異論はないであろう。福岡県北部の遠賀川《おんががわ》流域にある直方鞍手《のおがたくらて》地区の八尋《やひろ》には二人の最初の宮殿があったという伝承があり、同地区の古社である多賀《たが》神社の「蛭子社」が蛭子伝説の発生源であろう、と私は推測している。

多賀神社と蛭子

私の郷里である福岡県直方市の古社・多賀神社の祭神はイザナギ・イザナミで、『古事記』では「伊邪那岐《いざなぎ》大神は淡海《おおみ》の多賀に坐《いま》す」とある。「多賀」は古代の謎を知る重要なキーワードのひとつであり、「淡海」とは浅い海のことなので潟《かた》や湖水を指しているが、具体的にはどこなのだろうか。

「淡海」との名称の近似性より、琵琶湖《びわこ》を有する滋賀県の近江説が有力であるが、確定ではない。その近江にある多賀大社は『古事記』の記述を参考にして、多賀系の本社であると由緒を記しているが、創建は直方市の多賀神社と同様に七世紀以前とされる。

多賀神社　蛭子社の社殿は日本最大級。福岡県直方市

そもそも豊穣を祈る式場である神社が弥生時代に成立したとするならば、基本的な社会文化の流れは稲作が到来した西日本から東日本へとなるであろう。

文化の伝播とは、それを携える人びとの移動を意味している。つまり、北部九州の多賀系神社でもっとも古い由緒がある直方市の多賀神社が、全国の多賀系神社の元宮ではないかと考えるのが自然ではないか。

「直方多賀神社元宮説」については、平成一九年ごろに滋賀の多賀大社に直接電話で尋ねてみたが、応対していただいた宮司からは、「たまに同種の問い合わせがあるが、私にはわからない」という返答をいただいた。直方市の多賀神社境内《けいだい》に掲示されている御由緒には、「寿命の神・多賀大神は天照大神の御両親にて、御社は古くは日の若宮」と記されている。古代では現在の直方市多賀神社がある地点あたりまでが、遠賀川《おんががわ》が注ぎこむ浅い入江、つまり淡海であったことが土木調査によっても証明されている。

なによりも私が注目したのは、日本全国の多賀系神社のなかで直方の多賀神社にある「蛭子殿」の社殿がもっとも大きく、かつ、その運命（流産）を見せつけるかのように、眼下にある遠賀川に向かって建っていることだ。

蛭子はどこへ?

イザナギ・イザナミの最初の子であった蛭子《ひるこ》は、運悪く胞状奇胎だったため人間になることができず（流産）、泣く泣く産屋《うぶや》（お宮）の眼下にある遠賀川に流された。その後、流産した産屋に蛭子は手厚く祀《まつ》られたのであろう。それが多賀神社の原型である。それでは、遠賀川に流された蛭子はその後どうなったのだろうか。

蛭子が遠賀川に流された地点および下流には、小さな蛭子社（蛭子はエビスとも読む）

若松恵比須神社　遠賀川河口近くにある。主神は事代主神。福岡県北九州市若松区

がいくつか現存する。さらに河口近くには恵比須神社があり、古代では遠賀川とつながっていた洞海湾《どうかいわん》の北端にも大きな恵比須神社（北九州市若松区）が現存する。これらの社は、蛭子が川の流れにしたがって河口まで辿《たど》りついたことを示している。

恵比須と蛭子はほぼ同じ神なので、不幸にも流産となった蛭子（エビス）を起源とする母子信仰なのであろう。

兵庫県西宮市には蛭子を祭祀した恵比須神社の本社がある。遠賀川に流された蛭子は洞海湾に出て潮の流れに沿って東へと進んで瀬戸内海に入り、西宮に流れ着いたのであろう。もちろん、実際に流れ着いたものではなく、西から東への稲作文化伝播にともなった母子信仰のひとつであり、それは、哀れな蛭子を広く祀ることをイザナギ・イザナミ夫婦から託された医薬の神スクナヒコ（少彦名命）やコトシロヌシ（事代主神）の役割だったのかもしれない。

蛭子伝説と川の氾濫

私の持論である「蛭子胞状奇胎説」には確信めいたものをもっているが、じつは、不幸にも最初の子が流産となったイザナギ・イザナミの蛭子神話には、二つの重要な古代の出来事が巧妙に隠されている。

まずひとつは、おそらくイザナギ・イザナミ夫婦の最初の宮殿は北部九州の遠賀川流域にあったということだ。上述したような伝承と地政学的な観点により、その地は現在の鞍手・直方地区で多賀神社周辺であろう。

つまり大和王権が発祥するずっと以前に、古代の遠賀湾に一時的な都があったことを暗に伝えている。

もうひとつは、天変地異である河川の氾濫《はんらん》、洪水であろう。日本は急峻な山国で平野面積が小さい島国のため、古代から河川の氾濫や洪水が非常に多い。つまり、水ぶくれの蛭子は河川の氾濫による洪水を意味していると私は考えている。

実際に遠賀川流域は太古から洪水の多かった地で、これまでに幾度も、また現在進行形で治水工事が行われている。結局、イザナギ・イザナミ夫婦の最初の都は、豪雨によって遠賀川が氾濫し、洪水が起こり、水没した可能性がある。その事実を水蛭子の流産にかけて、後世に伝えているのではないだろうか。

第3節　弥生〜古墳時代の出産

埴輪が語る新しい医療の導入

水田稲作という社会システムの大転換とともに、古墳時代になると埴輪《はにわ》がつくられるようになり、それまでの愛嬌《あいきょう》のある土偶はほとんどつくられなくなってしまった。埴輪には武人を表現しているものも多くあり、武具を身につけた埴輪は「鉄の武器が神となった時代」、さらに「倭国大乱」を象徴しているかのようだ。

一方、我々が知りうる限り、縄文土偶には武人のような人形《ひとがた》は出土していない。最近の縄文ブームによって、妊婦像が圧倒的に多いことが知れわたった縄文土偶ではあるが、埴輪のなかにも妊婦を表現しているものがある。

それらの妊婦埴輪の風貌は、妊婦土偶と大きく異なる。ユーモラスでもあるが、妊婦土偶の目はつりあがり、とても苦しげな表情をしているのに対し、妊婦埴輪は現代の妊婦とさほど変わりのない穏《おだ》やかな表情をしている。この両者の違いは、何を意味しているのだろうか。

狩猟採集が中心の縄文社会とくらべて、弥生以降の稲作農耕社会ではより多くのマンパワーが必要となった。そのため、若い夫婦はひとりでも多くの子供を授かること、つまり多産であることがもっとも重要な営みとなったのだ。

「産めよ増やせよ」という昭和一四年発表のスローガンは、じつは弥生時代が最初であろう。それ以降、女性は外では農作業を、内では家事をしながら何人もの子供を育てるという過酷な人生の時代へと突入していった。

妊婦埴輪　妊娠した女性を表している６～７世紀の埴輪。埼玉県本庄市出土

この、とりわけ女性が極度に酷使される社会システムは、兵力という男のマンパワーが要求された太平洋戦争まで二〇〇〇年もつづくことになる。

弥生時代のお産を考える

さて、弥生時代に発掘された人骨の計測から、当時の女性の平均身長は一四六〜一四九センチと推定されている。華奢《きゃしゃ》な体つきである。

弥生人が一五〇センチに満たない体格で何人も子供を産めていた理由はなんであろうか。それは、現代人とくらべて栄養状態がよくなく、また身体をよく動かしていたため、体型がスリムであったことであろう。

同様に、赤ちゃんが太りすぎず小さかったこと、妊娠しても農作業や家事・育児におわれる毎日で妊婦に十分な基礎体力があったこと、そして精神的に忍耐強かったことなどがあげられる。さらに水田稲作文化の移入とともに大陸から新しい医療も伝わり、お産の安全性は向上したことであろう。

それでは現在の日本で、弥生時代の平均身長と同じくらいの小柄な妊婦のお産はどうなっているのだろうか。正確な統計データは見当たらないが、現在の日本では一四五センチ前後の初産《ういざん》妊婦の半数以上が帝王切開による分娩《ぶんべん》になっているようだ。つまり、体つきが小柄なために骨盤も小さくて赤ちゃんが産道から出にくい、実際に出にくかったという判断のもとで帝王切開が行われている。

現代でも、お産は自然分娩にこしたことはないが、お産をすべて自然にまかせていたら、母体や胎児の死亡率は高くなってしまう。医療先進国でさえも、ほぼ安全にお産ができるようになったのはつい最近のことであるということを、我々現代人はよく認識しておく必要がある。

日本での母体死亡率がきわめて低い理由のひとつとして、妊婦健診が浸透していることがあげられる。妊娠が判明して分娩にいたるまで、胎児の超音波検査を含めて約一五回の妊婦健診が産婦人科で行われている（『標準産科婦人科学』）。欧米ではこのような頻度での妊婦健診は行われておらず、数回程度であっさりと終えることが多い。

お産の神様は「箒」

我が国には、お産に関するいくつかのおもしろい風習がある。その代表例が「箒《ほうき》」である。その例をあげると、

安産祈願の箒

①お産になり、いよいよ産気づくと急いで箒を逆さに立てる（そうすると、お産が順調に進む）
②お産になったら箒でお腹をなでる（そうすると、良い陣痛がくる）
③産婦の枕元に箒を置いて祀る（そうすると安産になる）
などである。

　これらの民間伝承は民俗学のフィールドワークの成果でもあるが、世界的にみても、お産と箒の関係はじつにユニークだ。

　箒には何かをかきあつめるという用途がある。つまり、箒は赤ちゃんをもってきてくれるもの、という素朴な安産祈願だ。そして、お産と箒の関係においてもっとも大事なことは、箒は「掃き出す」という用途があることだ。それは、赤ちゃん、つまり胎児を母親の子宮内からちゃんと外に掃き出してくれるという願いにつながる。

　お産というのは、とにかく赤ちゃんの身体を母体から外に出すという仕事である。陣痛がきていても、赤ちゃんの頭が下がってこない、見えてもこないという状況が長くつづくのが典型的な難産である。現代のような帝王切開術が普及する以前では、二、三日たっても全然進まないお産に対して周りは手の施しようがなく「ああ、出てこない、出てこない。なんで出てこない！」といった焦燥感と、狭い産室での閉塞感の両方に深く包まれたであろう。

そのような逼迫《ひっぱく》した状況では、「とにかく赤ちゃんを出して下さい！」とひたすら神に祈るしかない。よって、「箒」は安産の神ということになる。

厠の神とお産

日本には古くから、厠《かわや》（便所）に注連飾《しめかざ》りや女性の人形《ひとがた》や女神の姿絵を祀るといういっぷう変わった風習がある。厠に注連飾りとは似つかわしくない組み合わせであるが、いったいどういう意味があるのだろうか。

男女共用である厠に女性だけの人形や絵だけを祀るというところに答えのヒントがある。それは厠を産屋つまり女性がお産をするところに見立てているからだ。厠とは、「排出することのみを目的とする部屋」であり、産屋は「赤ちゃんを産み出すことのみにつくられた部屋」だ。そこに厠と産屋の本質的な共通点がある。

しかも腹圧をかけて狭い穴からモノを出す、という意味では両者は同一だ。「しっかり、出せよ！」と祈願するところにユーモアが潜んでいる。

アイヌの伝統文化にも、妊婦が難産になった際にはイコインカラマと呼ばれる取り上げ女（現代の助産師）が守護霊の力を借り、厠の神に援助を請うという。お産で胎児が出てこない状況というのは、母子ともに生命の黄色信号が点滅しているということなのである。

つぎに、出産と感染症の関係も重要だ。破傷風菌などによる産道感染から子宮内感染を起こし、敗血症によって亡くなる産褥婦《さんじょくふ》（お産後約一か月までの妊婦のこと）が多かったことは、古代ギリシャのヒポクラテスの文献にも記されている。基本的に衛生状態がよくないことが背景にあり、殺菌消毒という概念がなかった時代は、産室内での汚染や産道裂傷部への感染が原因となる。

近代の抗生物質の発見は数多くの妊産婦の命をも救ってきたのだが、現在でも医療が進んでいないアフリカや東南アジアの一部の国では、産後の感染症で多くの妊婦が命を落としている。

日本三大八幡の筥崎神社は「胞衣神社」

時代がくだって古墳時代になると、博多湾はふたたび大きな歴史の節目を迎える。それは女帝ともいえる神功皇后《じんぐうこうごう》の登場である。

神功皇后は古代史において卑弥呼に並ぶほど重要なキーパーソンである、と私は主張してきた。記紀などに記された卑弥呼と神功皇后の共通性から、二人は同一人物とする研究者も数多くいるが、二人はまったく別の時代に生きた女性リーダーである。神功皇后は大和の黎明期である四世紀後半に実在し、王権の統制に大活躍した皇后である。

私が実在性を唱える理由のひとつとして、いまでも博多湾沿岸にはおびただしい数の神功皇后伝承が残っていることだ。それらの伝承には、時代背景の経時的な整合性がある。当時の朝鮮半島と大和の緊張状態からみて、妊婦であった神功皇后がみずから博多湾から船出して朝鮮半島に向かったのは、ほぼ間違いない史実であろう。神功皇后は女性であり、それも身重の妊婦である。そのため実際にどこまで遠出できたのかは知りようがないが、お腹の張りを石で抑えながら遠征したという伝承は、産婦人科医からみてもリアリティがある。

そして帰還後に博多湾沿岸の地にある宇美《うみ》八幡宮で無事、応神《おうじん》天皇を産んだ。その際に娩出された大事な胞衣《えな》（胎盤のこと）を祀っているといわれる福岡市東区の筥崎《はこざき》八幡宮は、日本三大八幡宮（ほかは宇佐八幡宮と石清水《いわしみず》八幡宮）のひとつである。

この筥崎宮を博多湾から眺めると、妊婦が臥床している姿の立花山《たちばなやま》の延長線上にある。まるで、大きなお腹（立花山）から産道の方向に胎盤が娩出したような位置にお宮は建っているのだ。筥崎宮の西側の博多湾には息浜《おきのはま》という古い地名があり、お産の「息み《いき》」と通じるのかもしれない。

神功皇后の胞衣が祀られる筥崎八幡宮を生殖考古学的にわかりやすく説明するため、私はあえて「胞衣神社」と呼称している。もし、筥崎八幡宮の真のご神体が「鏡」であることが判明すれば、「鏡＝胎盤」説を強く支持するものとなろう。

オキナガタラシヒメの名に潜むもの──「帯」は妊婦を表す

博多湾沿岸は、神功皇后《じんぐうこうごう》伝承がもっとも濃密な地である。神功皇后には、「息長《おきなが》」につ

神功皇后母子像　神功皇后の出産伝承がある宇美八幡宮にある、神功皇后と子・誉田別皇子（応神天皇）の母子像。福岡県宇美町

づいて「帯比売《たらしひめ》」という名がつけられていることに注目したい。

「帯比売」とは「帯をしめた姫」という意味であるが、いったいどんな帯だったのか。古代とはいえ、帯はめずらしい装身具ではなかったはずなので不思議さもともなう。私は、この帯は通常の帯ではなく、なにか特別な意味をもつ帯と考えている。つまり、オキナガタラシヒメは帯を身につける民族の最上級の姫であり、その帯を身につけた姿が非常に特徴的であったと解釈できる。

日本の先住者である縄文人の衣服は、被《かぶ》りが基本で帯をする習慣がなかったと考えられているので、その対比としても「帯」の字がついた姫の名は意味がある。

それでは特徴的な帯とはなんであろうか。それは、お腹が大きくなった妊婦が巻く長い帯、いわゆる腹帯のことではないだろうか。さらにオキナガタラシヒメノミコトは、『古事記』では大帯比売命《おおたらしひめのみこと》という尊称も保有する。ともに帯という字が使われている点は、非常に重要である。これまでの史学研究では、大帯とは具体的になにを表すのか解明されてこなかったのだが、大帯とは通常の帯より幅が広くて長い妊婦の腹帯を指している、と私は考えている。

やはり神功皇后にとって「帯」は特別な意味を有していたのだ。それは、早産のリスクをかかえながら帯に石をはさんでお腹の張りを抑え、はるか彼方の朝鮮半島へみずからが先陣をきって遠征した伝承と見事に符合する。大帯とはまさに臨月でお腹が大きくなった妊婦が巻く「大きくて長い腹帯」のことであろう。

古代史の重要な鍵を握る神功皇后の名に秘められた謎が、生殖考古学からのアプローチによって、またひとつ解けたことになる。つまり、「帯比売」や「大帯比売命」という名は、女帝級の働きをした妊婦・神功皇后へ与えられた格別なる尊称であり、当時の大和（倭）全土にわたって妊婦皇后への安産祈願が最高潮に達したことを示唆しているのではないだろうか。

私は、神功皇后というヒロインは実在した妊婦女帝であり、心から人民に慕われた日本古代史上最大級の姫であったと思う。

出産姿の古墳――熊本オブサン古墳

「妊婦がお産をしている格好」と伝わるたいへんユニークな形の古墳が、熊本県山鹿市にある。古墳の名はオブサン古墳（六世紀）で、熊本県指定史跡になっている（図）。オブ

オブサン古墳　妊婦がお産をしている格好と言われる。直径22mの円墳。典型的で雄大な横穴式石室をもつ。熊本県山鹿市

サンは「産《おぶ》さん」、つまり「お産をしている妊婦さん」を意味している。とてもユーモアのある素晴らしいネーミングの古墳であり、これぞ生殖考古学の見本のような遺跡だ。

古代の建築物としても世界に誇れるオリジナリティの高い遺跡だと思うのだが、残念ながらオブサンの知名度は国内でも高くない。古代、この地にいた人びとの強い精神性と開放性に驚く。オブサンには、古代人の再生信仰という情念のようなものを感じる。構造的には、円形の墳丘部から二つの矩形の突出部が張り出した形が、たしかにお産の際に股を開いている妊婦のように見える。墳丘部は子を

宿した子宮であろう。

オブサン古墳の被葬者はいまもって不明だが、民衆に慕われた高貴な女性首長だったのか、あるいはこの地を支配した強い男王だったのか。いずれにしろ、この地の首長者を母なる子宮に帰して魂の再生を願ったのであろう。

近代でも、お墓を女性の子宮の形で表現した型として有名なのは沖縄の亀甲墓《カミヌクー》である。亀甲墓は古代から伝わってきた墓の形体で、その起源については中国大陸南部ともいわれる。医師で漫画家の手塚治虫《てづかおさむ》は、亀甲墓のもつ生物的な生々しさを見事なタッチで『ブラック・ジャック』第81話「宝島」に描いている。

オブサン古墳と亀甲墓の類似性は、生命の再生を願う南洋系文化が琉球列島を島伝いに北上していったことを意味するのではないだろうか。

宮崎県西都原、鬼の窟古墳も出産の姿か

オブサン古墳のような出産様形状の古墳を、私は以前にどこかで見たような気がして記憶をたどっていた。そして、過去に訪れた古墳のスケッチを走り描きした「マイ古墳ノ

鬼の窟古墳　熊本県山鹿市のオブサン古墳に形状が似ている。西都原台地のほぼ中央部に位置する直径37mの円墳。宮崎県西都市

ート」をパラパラとめくっていた際に、一枚の絵が目にとまった。

それは、宮崎県の「鬼《おに》の窟《いわや》古墳」である。同古墳は、日本最大級古墳群である西都原《さいとばる》古墳群（国指定特別史跡：六世紀後半）のほぼ中央にデンと構えている。このユニークな名は、鬼が一夜にして巨石で墳墓をつくり上げたという伝説に由来する、という。鬼とはだれのことであろうか。

鬼の窟古墳の公式ホームページには、「西都原古墳群で唯一の横穴式石室をもち、墳丘の周囲に土塁（外堤）を廻らす特異な形状は、全国的にみてほかに例がない」と書かれている。外堤がグルリと円を描いているので、上から見ると大きな古代鏡のよう

にも見える。

同古墳は円墳であるが、羨道《せんどう》入口部までの墳丘下半部両側が土手状になっている点が、通常の円墳とは大きく異なる。私には鬼の窟古墳もオブサン古墳同様、まるで産婦が股を開いたような姿、つまり出産中の妊婦さんのように見える。

墳丘部は妊婦の丸いお腹を表現し、その形はまるで胎児を入れた大きな子宮のようである。「鬼の窟古墳産婦説」を唱えるのは、本稿がはじめてであろう。なお、西都原古墳群のある西都原台地には、いくつかの縄文遺跡も共存している。これまで述べてきたように、縄文社会での最大の神は、新しい生命を何度も宿すことのできる妊婦であろう。あらたな生命の生産には、祖霊の再生の意味も強く含まれていたはずだ。

縄文時代から古墳時代までの連続した墳墓がある西都原台地には、数千年にわたる土着の永続的で強い妊婦信仰があったのではないか。逆にいえば、弥生文化の到来と大和王権からの強い制圧により、鬼の窟古墳を最後につくることで、土俗的な妊婦信仰に別れを告げたのかもしれない。

第4節　日本神話のなかの生殖

海神の娘、トヨタマヒメ

記紀における重要な登場人物のひとりであり、神武《じんむ》天皇（初代天皇）の父方の祖母で母方の叔母でもあるトヨタマヒメにあらためて注目してみたい。トヨタマヒメにかかわる伝承は謎が多く、彼女はじつに波瀾に満ちた人生を送っている。

美しい海神の娘として登場するのだが、私は実在した海洋民族の姫と考えている。古代史での重要度において、トヨタマヒメはまちがいなく「古代の姫ベスト10」に入るであろうし、大和の成り立ちを知る重要な姫である。「もっともっと国民に広く知れ渡ってほしい古代日本を代表する姫」という思いで、ここに記したい。

トヨタマヒメの特徴を列記すると、

●海神である綿津見《わたつみ》族の娘で竜宮に居住。

●天孫ニニギ（『日本書紀』では瓊瓊杵尊《ににぎのみこと》、『古事記』では邇邇芸命と表記）の息子ホオリ（火遠理命＝山幸彦）と結婚、王家の姫となる。

●妊娠中、舟で移動中に産気づく。

●夫から産屋を覗《のぞ》かれたためワニ（鮫《さめ》）になり、綿津見のクニに帰郷。

●妹は、姉を献身的に支えて子を育てたタマヨリヒメ（玉依姫、神武天皇の母）。

それでは、王家の姫となって出産をしたトヨタマヒメに隠された謎の解明を進めてみる。

綿津見の地はどこか

トヨタマヒメとタマヨリヒメ姉妹の郷里である綿津《わたつ》見《み》の地は、いったい日本列島のどこにあったのだろう

トヨタマヒメの略系図（『日本書紀』より）

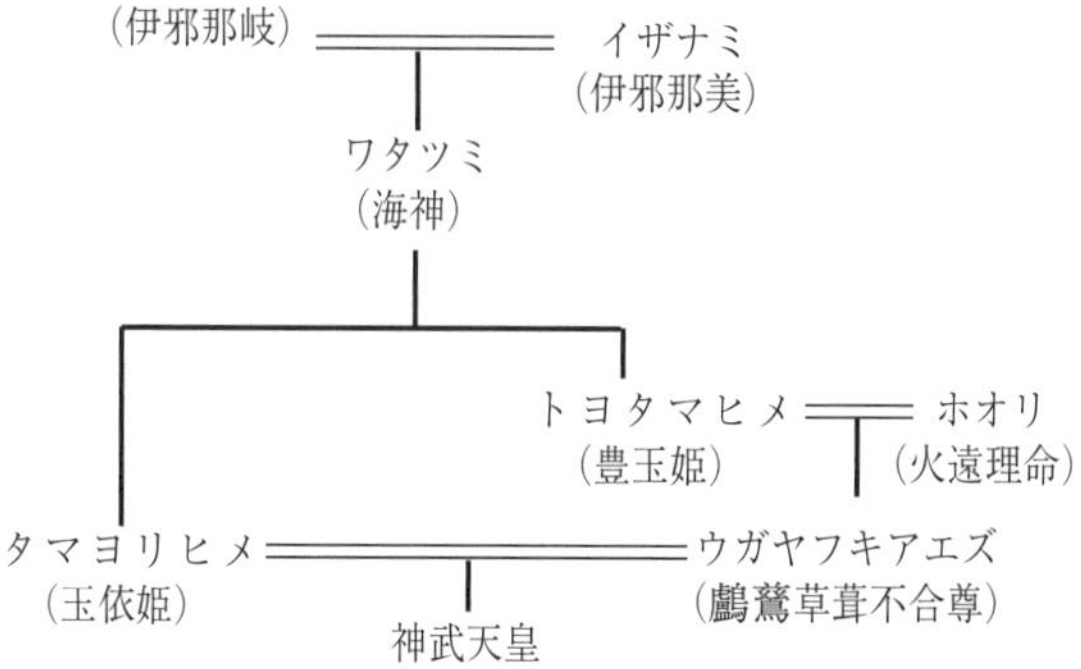

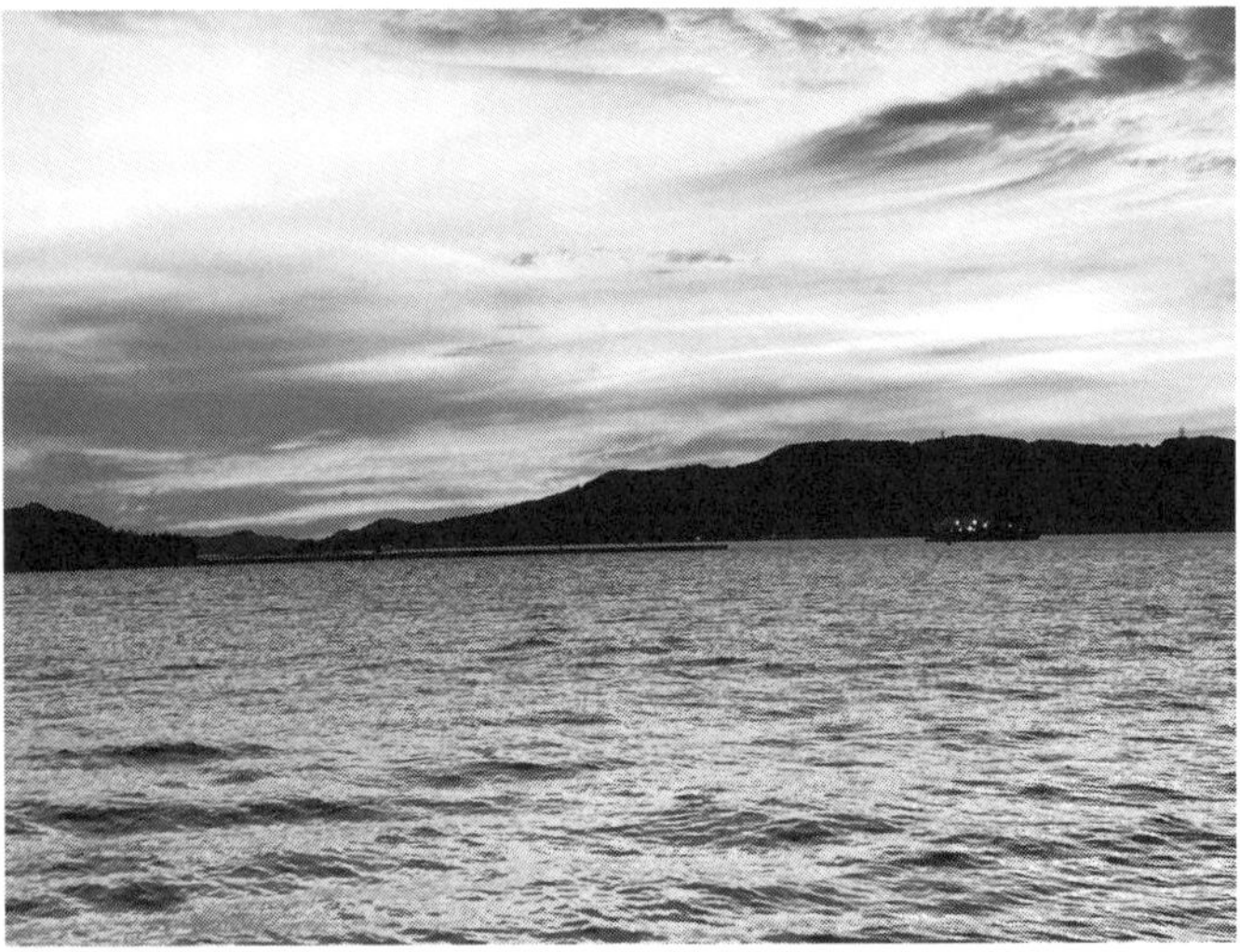

博多湾の夕景　綿津見の郷である。島影は能古島。

か。綿津見は、イザナギとイザナミの夫婦が国産みのあとにイザナギが最初に産んだ十柱《とおはしら》の神々のひとりであるトヨタマヒコ（海神）誕生の地である。

「漢委奴国王」の金印が出土した博多湾の志賀島《しかのしま》が史学的にも最有力で、海神伝承が色濃い対馬《つしま》や鹿児島という南北の海の要衝《ようしょう》と深い関係があったはずだ。

弥生文化の基軸となった水田稲作社会を最初に取り入れ、徐々に東日本まで拡大してはじめての連合体を形成したのが倭《わ》、つまり倭国であろう。そうであれば綿津見の地は、水稲稲作が大陸からもっとも早く伝わった博多湾沿岸にあった可能性が高い。一方、邪馬台国《やまたいこく》および大和の畿内説を唱える人たちからは、なぜか「綿津見は畿内のどこかにあった」という話は聞こえてこない。綿津見族が邪馬台国から大和の成り立ちまでに大きく関与したとすれば、邪馬台国畿内説は不利であろう。

じつは、いま、この原稿をパソコンで書いている私の研究室の大きな窓から志賀島が真正面に一望でき、博多湾内外へと舟が行き交っている。まさにここは海の民、綿津見発祥の地であろう。綿津見の安曇《あずみ》族から倭王家が誕生し、数代から十数代を経て大和の天皇家へと発展していった可能性は高い。

日本最古の舟形木棺　名古屋市の平手町遺跡から出土。『朝日新聞』2009年

約二〇〇〇年前の弥生中期の名古屋市平手町《ひらてちょう》遺跡から、舟葬の形態と考えられる日本最古の舟形木棺《もっかん》が出土している。このあたりは古代では海岸線で、同遺跡東側にある古社、綿《わた》神社の社伝には、安曇族が移住して稲作を伝えたことが、はっきりと記されている。海洋の民である安曇族は稲作伝播のエンジンでもあった

のだ。

ちなみに、同社の祭神は神武天皇の母・タマヨリヒメであるので、同姫が綿津見族であったことが示され、さらに神武の母方のルーツまで判明したことになる。安曇族の本拠地が博多湾の志賀島周辺である可能性が高く、全国に散在する「志賀」や「滋賀」「安曇野」や「渥美」の地名も志賀島からの海洋の民・安曇族の移住を意味しているのであろう。これらは綿津見＝安曇族説を強く支持するものだ。

古代の海洋の民は疫病も広めてしまった

博多湾に浮かぶ志賀島周辺が本拠地であった綿津見《わたつみ》族が、古代の日本列島の航海と交易を支配していたことはほぼ間違いない。

安曇族・住吉族は綿津見族そのもの、またはその子孫であり、それは現在の姓名にまで存続している。志賀島の安曇族はシカ・シガ、アズミ・アツミという地名を日本列島のあちらこちらに残し、住吉族の広がりは住吉神社が日本全国に広く分布していることからも明らかである。

福岡市の由緒ある住吉神社は、住吉系神社のはじまりで大阪の住吉大社の元宮であると社伝や伝承にある。

一方、意外にも住吉神は疫病神としての信仰も併せもっていることはあまり知られていない。私は逆に、住吉族という古代の海洋民族が、人の移動とともに疫病までも日本列島の津々浦々にまで広げてしまったことを意味しているのではないかと推察している。その最大の病原体は、縄文時代には日本列島になかった結核菌であろう。

私は現在の人名や地名から、古代にフィードバックするのが好きである。現実問題として陵墓をまったく発掘できない我が国の特殊事情からしても、地名や人名は貴重な検索ツールなのである。

ただ、綿津見はハタツミ（秦の都の海）のことで秦族《しん》（古代中国）の指導者であった「徐福《じょふく》」を指すとする説（齋木雲州ほか）もあり、興味深い。

海がないのに舟を祀る長野の安曇村

古代日本の海の支配者だった綿津見・安曇族の英雄である安曇連比羅夫《あづみのむらじひらふ》が祀られている

神社が、安曇族の本拠地であった博多湾からはるか遠く離れた長野県の安曇野にある。

山間の松本盆地にある安曇野では、不思議なことに博多の郷土料理であるオキュウトを食べる習慣が現在も残っていて、古代史と食文化が結合した素晴らしい日本文化の奥深さを示している。博多の郷土名産オキュウトの原料はエゴノリであり、エゴノリは大型浮遊海藻に付着して成長する特殊な海藻である。

オキュウトは、福岡市内および同近郊の食料品店に行けば必ず置いてある必須アイテムで、私も週に二回程度は口にする。味が淡白なので飽きないのであろう。一説には、エゴノリは高級中華料理に使うツバメの巣の原料で、中国江南地方から移住してきた民族の慣習といい、安曇族の起源を考える上でも興味深い。

海に面していない長野県の盆地、安曇野にまで、博多湾が本拠地の安曇族が移入し定住したことは間違いない。安曇族は日本各地に入植したと同時にオキュウトの食文化も移入させたが、多くの入植地では時代とともにオキュウトを食べる習慣は消え去り、山間の安曇野のみがその痕跡を伝えているのであろう。

倭国王となった海神、安曇磯良

博多湾沿岸の地に日本最古の水田稲作跡が複数発見されたことにより、現在の福岡市から唐津あたりが弥生文化の発祥の地と考えてよいだろう。弥生時代のいつごろかは定かではないが、当時の先進地博多湾を支配したのが安曇族で、その祖神は、海の神安曇磯良《あずみのいそら》とされる。平成二八年（二〇一六）に社殿が国宝に指定された京都府の石清水《いわしみず》八幡宮にも、博多湾の安曇磯良が深く関与している。

同社の縁起である『八幡愚童訓《はちまんぐどうくん》』には、「安曇磯良と申す志賀海大明神」とあり、同社は古代の創建以来、安曇氏が祭祀を司っている。

さらに、奈良の春日《かすが》大社で催される「春日若宮おん祭り」では、安曇磯良が覆面をしてお腹に鼓をかかえて舞うという古式豊かな舞がある。安曇族の本拠地である博多湾の志賀島にある志賀海《しかうみ》神社には、舞の原点といわれる「たつの舞」と「磯良《いそら》の舞」がある。「たつ」とは龍神のことであろう。

つまり、博多湾の王であった安曇磯良は、少なくとも古代の西日本を稲作の伝播と海洋

志賀海神社　志賀島に鎮座。綿津見三神を奉斎し、玄界灘に臨む海上交通の要地博多湾の総鎮守として篤く信仰されてきた。福岡県東区

貿易で支配したのは間違いなく、それが倭国へと発展したのであろう。

民間伝承では、阿曇磯良（磯武良《いそたけら》）はトヨタマヒメの子とされている。

ただ、岩戸隠れの際にアマテラスオオミカミに鏡を差し出し、その後、天《てん》孫降臨《そんこうりん》の際にニニギに随伴し中臣連《なかとみのむらじ》の祖となったという『古事記』の記述は、やはり博多湾の海神・磯良のイメージと重なる。

トヨタマヒメはウガヤフキアエズノミコトを日向の海岸にて早産で失ったため、郷里である綿津見の地に帰還しており、そこで阿曇磯良があらたに王族の後継者となったと推察される。

トヨタマヒメの出産の謎

宮崎県にある鵜戸《うど》神宮は、トヨタマヒメがウガヤフキアエズを産んだところとされる古代の聖地である。同地は東に面した海岸洞窟になっていて、九州にはこれ以外にも海岸洞窟で姫がお産をしたという伝説がいくつか残っている。雨や寒さをしのげる洞窟はおそらく人類の最初の住処《すみか》、いわば「家」であることは考古学的にも証明されている。

海を渡航中に急に産気づいた妊婦・トヨタマヒメは、この洞窟のすぐ手前の海岸線に、鵜《う》の羽根と茅《かや》を使って急ごしらえの産屋《うぶや》をつくったのであろう。

しかし、奇妙なことに、出産の地である鵜戸神宮のすぐ上に、皇子ウガヤフキアエズの御陵である「吾平山上陵《あひらのやまのえのみささぎ》」が現存し、同陵は正式に宮内庁陵墓参考地に指定されている(ただし、鹿児島県鹿屋市にも同陵がある)。出生地と埋葬地が至近距離に共存するという不可解さはいったい何を物語るのであろうか。

不思議なことに、ほとんどの歴史研究者はそれに気づいていないようだ。しかも『日本書紀』には、「トヨタマヒメは出産したあとに子を草でつつんで海辺に捨てた」と明解に

鵜戸神宮　トヨタマヒメ伝説がある。日向灘に面した断崖の中腹の岩窟（海食洞）内に本殿が鎮座し、参拝するには崖にそって石段を降りねばならず、神社としては珍しい「下り宮」となっている。宮崎県日南市

書かれているのに、だ。

よって私は、産婆・乳母の祖神を祀る『高忍日賣《たかおしひめ》神社神話』（愛媛県伊予郡）を参考に、つぎのように推察する。「妊娠したトヨタマヒメはまだ臨月に満たないため安心していたのか、博多湾にある郷里綿津見の地から夫の住む日向《ひゅうが》へ舟で向かっていた。当時は王族といえども、通い婚がつねであり、臨月には郷里に戻る予定であった。

しかし、現在の豊後《ぶんご》水道を南へ移動中の海上でなんらかのアクシデントが起こり、姫は急に産気づいてしまった（切迫早産で、これは現在でもよくあること）。

万が一の緊急事態に備えてスタンバイしていた対岸の伊予《いよ》のクニ（現在の愛媛県）

の姫であるタカオシヒメ（高忍日売）に、トヨタマヒメのお付きたちが急報した。すると、タカオシヒメは即座にアメノオシヒノカミらお産の取り上げ名人三人を舟に乗り込ませ、日向の海岸にいるトヨタマヒメのもとに遣わした。しかし、トヨタマヒメの陣痛はどんどんと強まり、鵜戸海岸の急ごしらえの産屋でウガヤフキアエズを産み落としてしまった（早産）」。

急に陣痛が強まったとすれば、医学的には胎児をおおっている羊膜《ようまく》が臨月より前に破れてしまう「前期破水」かもしれない。

不幸にも早産による未熟児として誕生したウガヤフキアエズは、力なくその呼吸を終え、海岸近くの小高い地に大切に埋葬されたのであろう。

しかし、ウガヤフキアエズが早産児のために亡くなったとすれは、その子である神武天皇は生まれないという日本史がひっくり返るような事態になってしまう。

記紀によると、トヨタマヒメの子はウガヤフキアエズだけである。後述するが、トヨタマヒメの出産伝承は早産した日向だけでなく、博多湾の姫島にも色濃く残っている。つまり、早産後に帰郷した綿津見の地・博多湾であらためて懐妊し、男の子を無事出産したのではないだろうか。よって、この子がウガヤフキアエズということになる。

トヨタマヒメの出産は難産

記紀に記されたトヨタマヒメの出産にまつわる神話のなかで、もっとも謎めいた箇所は、「トヨタマヒメはお産をしている姿を夫にのぞかれたので怒り、ワニ（鮫《さめ》）になって故郷の綿津見《わたつみ》のクニに帰ってしまった」というくだりであろう。

妊婦が凶暴なワニになるという事態は、いったい何を意味しているのだろうか。まるで手塚治虫の描いた、人間が狼などの動物に変身する「バンパイヤ」のようである（昭和四〇年代のＳＦ漫画で、テレビでも大ヒットした）。当時の日本は高度経済成長と受験戦争のまっただ中で、現実逃避的に突然強いものに化ける「変身」が大ブームになった。トヨタマヒメは古代のバンパイヤだったのだろうか。

突然、ワニに変身したトヨタマヒメであるが、これまでの歴史研究家の多くは、「神話だから…」としてとくに重要視せず、その意味を真剣に問う気はないように、私には見受けられる。ただ、「ワニは鮫のことで、トヨタマヒメが海神族の姫であることを伝えている」という解釈は通念となっている。

助産師のお守り　産婆・乳母の祖神を祀る。愛媛県松前町、高忍日賣神社

古代出雲研究家によると、ワニは出雲族が信仰する龍の化身であるので、トヨタマヒメが出雲系海神族の姫であることを強調しているのだという。漢字の起源論からみても、出雲の「雲」の字は「雲の中に竜形の霊物が住む」という意味とされる。また、出雲沖には黒潮が流れ着くので、出雲の人びとは南海産のセグロウミヘビを龍神様として祀っている。

ワニとはセグロウミヘビのことであろうか。いずれにしろ、妊婦であるトヨタマヒメがワニになったという奇抜なストーリーは、古代日本の基層に南洋系文化が色濃く根付いていることを示唆している。

しかるに私は、出産中のトヨタマヒメがワニになったという記述を、つぎのようなことではないかと解釈する。

まず、姫がワニになった理由は、ありえないほどはげしい陣痛に、もがき苦しんだことを表現している。もがき苦しむ、つまり、強い陣痛にもかかわらず赤ちゃんが出てこず、ワニの動きのように身体をはげしくくゆらせ、のたうち回ったのである。

現代でも難産に苦しむ妊婦は、苦痛の声をあげながら、時には叫びながら、身体を丸めたり伸ばしたり、はげしくのけぞったりすることを繰り返す。そして、腰を乱暴にくねり、両足を急に蹴飛ばしたりしてもだえ苦しむ。その長くはげしく陣痛にのたうち回る姫の姿を、はげしく身体をくねらせるワニ（鮫）の動きにたとえたのではないだろうか。

当時のムラ社会では、若い妊婦が難産で地獄の苦しみを味わっている状況を「ワニ（鮫）みたいに暴れとる」というような表現をしていたのであろう。男性には永遠にわからない「産みの苦しみ」である。

トヨタマヒメのお産は、日本初の夫立ち会い分娩

記紀にも記述がある「トヨタマヒメの夫であるホオリ（火遠理命＝山幸彦）が産殿のなかを覗《のぞ》いた…」という謎めいた行動について、生殖考古学的に考えてみたい。私は、夫であるホオリが産殿を覗いたのは、トヨタマヒメが難産になっているとの急報が入り、心配でいても立ってもいられずに産殿に駆けつけたからではないか、とみている。

ホオリは緊急事態に駆けつけた以上、当然妻のお産の状況をこの目で見たい。そして、当時は男子禁制の産屋の戸をガラリと開けて産室の中を覗いてしまった。男が産屋を覗くのは禁忌（タブー）だったのだが、覗いたのは、妻のお産がどういう状況にあるのか、もし難産に陥っているならばなにか役に立てないか、という思いからであろう。

この発想は、おそらくお産をすべて女性のみで仕切った先住の縄文文化の性質ではなく、系統的に水田稲作を広げることに成功した先進的な渡来系の弥生文化の考え方であろう。

それでは、トヨタマヒメという古代の姫の立場で、夫でさえも産屋を覗くのがなぜ悪いことなのかを推理してみたい。これはひと言で言えば、お産に対する文化の違いである。

産屋はあらたな命を産み出すという女性にとってもっとも大事な聖域で、お産のもつ神秘性から、出産する場には産婆や身内の女性、時には女性の祈祷師《きとうし》以外は入ることができなかった。

この男子禁制という規律は、アイヌの伝統社会にも維持されていて、縄文社会の常識であったはずだ。中世の平安〜鎌倉時代の絵巻物『餓鬼草紙《がきぞうし》』にも出産の風景が描かれているが、産室に入っているのは五人の女性のみで、男はひとりで入口で弓を弾いて座っている。お産に男の産科医が積極的に介入しはじめたのは、西洋医学の影響なのである。

産屋ではたとえ難産に陥り、不幸にも死産となったとしても、女性だけですべて完遂させるのだ、という強く頑《かたく》なな信念があったはずだ。一方、なんらかの原因でお産が順調に進んでいなければ、たとえ男でも現代の産科医のように積極的に手助けして、なんとか安産に導こうとするのが、当時としては合理的な東アジア系文化だったのではないだろうか。東アジア系とは、稲作と鉄を日本列島に持ち込んだ文化のことである。

海洋の民であった綿津見族というのは縄文系文化をかなり踏襲していたのではないか、と私は考えている。一方、トヨタマヒメの夫はニニギの息子ホオリであるから、ルーツは弥生系かもしれない。南洋系起源である綿津見族の姫であったトヨタマヒメにとって、たとえ、倭国のニューリーダーである夫とはいえ、夫が産屋という女性の聖域に顔を出すという行為を本能的に許さなかったのだ。

結局、弥生～古墳時代の日本の婚姻というのは、定住型稲作文化と鉄器をもたらした東アジア系渡来人（弥生文化）と南洋系先住者（縄文文化）の数百年にもわたる異文化の融合と葛藤の表れであったのだ。女性のもつ神秘性の保護という意味では、プライバシー意識が強かったのはじつは縄文社会だったのである。

両者の違いを如実に物語るのが、生命誕生のドラマである。記紀の編纂者（いまでいえば文部科学省）も、この文化の違いをトヨタマヒメの出産というドラマをとおして永遠に伝えようとしているのだろう。

もうひとつの出産伝承

トヨタマヒメの出産にまつわる海岸洞窟伝承は、ほかにもうひとつ存在する。その海岸洞窟は、古代の伊都《いと》国、現在の福岡県糸島市の姫島にある。古くから「産《うぶ》の穴《あな》」と呼ばれている博多湾に面した小さな洞窟である。糸島の語源は、伊都国の海寄りから姫島あたり

姫島の「産の穴」 トヨタマヒメの出産伝承がある。福岡県糸島市

までを「志摩国」と呼んでいたことに由来する（伊都志摩）。

姫島は玄界灘《げんかいなだ》に浮かぶ孤島で、周囲三・八キロのその名の通りかわいい小島だが、博多湾と唐津湾に隣接するため、古代の海上交通の要衝となっていた。糸島市の岐志《きし》漁港から市営渡船で約一六分で到着するので、私も何度か島へ渡ってみた。

姫島の姫島神社にはトヨタマヒメ命が祭られているので、姫島とはトヨタマヒメの島ということになろう。島の北側に行くと、浸食された二つの穴が切り立った岩場に開いている海岸洞窟が視界に入る。洞窟内はきれいな丸い石が敷き詰められていて、ここで安曇《あづみ》族のトヨタマヒメが神武天皇の父であるウガヤフキアエズを産んだという伝承があるのだ。

前述したように、トヨタマヒメは日向の地でウガヤフキアエズを早産で亡くし綿津見の地に帰還している。姫島の伝承は、あらたな（真の）皇子ウガヤフキアエズの誕生を意味しているのかもしれない。

トヨタマヒメ出産と高忍日賣神社

神武の祖母であるトヨタマヒメは大変な難産だったと私は推察するが、それを示唆する神話が残っている。それは意外にも、四国の愛媛県の古社に存在する。意外とは、当時の要衝、筑紫（福岡）、出雲（島根）、大和（奈良）ではないという意味である。

その神社は高忍日賣《たかおしひめ》神社で、現在も皇室から安産祈願の依頼があるという格の高い社だ。また、全国唯一の産婆・乳母の御祖神を祀る神社でもある。産婆と乳母の御祖神を祀るというのは恐れ入る話で、この由緒は日本古来の産科医・助産師・小児科医の発祥の地を思わせる。

医学史的にも、さらなる研究を深めたい古社だ。主祭神のタカオシヒメはトヨタマヒメの出産の際に、三柱《みはしら》の神（アメノオシヒト・アメノオシオ・アメノオシヒメ）を遣わし安産に導いたというのがその理由であるが、この高忍日賣神社にはつぎのような神話が伝承されている。

日子穂穂手見命《ひこほほでみのみこと》（ホオリ）とトヨタマヒメとが仲睦まじく船で海を渡られている際に、姫が急に産気づかれたため、近くの海岸で産屋を建て、お産をされることになった。鵜茅《うがや》で急ごしらえの産屋を葺《ふ》くが、海からたくさんの蟹《かに》がはい上がってきて産屋の中まで入り、トヨタマヒメは大変な難産になった。

トヨタマヒメが「タカオシヒメノオオミカミ」と一心に唱えられると、タカオシヒメが顕現され、アメノオシヒトノミコトとアメノオシオノミコトを遣わされ、アメノオシヒトノミコトとアメノオシオノミコトには箒《ほおき》をつくって蟹を掃き飛ばさせ、アメノオシヒメノミコトには産屋に入って産婆の役目をおさせになった。

すばらしい古代王家の出産秘話である。私の知る限りでは、産婆に関して記したこれより古い史書は存在しないので、古代の愛媛にいたアメノオシヒト・アメノオシオ・アメノ

高忍日賣神社　全国唯一の産婆・乳母の祖神を祀る神社。愛媛県松前町

オシヒメの三人は日本の産婦人科医療の開祖的存在と考えられる。女性の死因の第一位が出産であった古代には、このようなお産の名人は日本各地にいたにちがいない。

私は、愛媛のこの三柱の神の名を我が国の産科医療の創始として医学書に載せていただきたいと思う。彼(彼女)らの実在性は否定できないし、なにより古代の産科医療へのロマンを感じる説話であり、我々現代の産婦人科医療従事者も、お産の神様に祈る気持ちにもなれるからである。

手前味噌であるが、私の父は長きにわたって産婦人科開業医であった。高度経済成長期という時代背景もあり、医師としてたったひとりで約一万五〇〇〇人以上の赤ちゃんを取り上げた。そのなかには数多くの難産や緊急帝王切開が含まれているが、彼の情熱と技術でなんとか事故なく乗り切れた。そのうち数例は私も手伝い、難産を乗り切れたことを思い出す。

分娩室には、福岡の宇美《うみ》八幡宮の安産祈願の札が三〇年以上の長きにわたって貼ってあった。

宇美八幡宮子安の木　神功皇后が木の枝に取りすがって出産をした「槐（えんじゅ）」の木はいまもその種を絶やさずに。福岡県宇美町

古代のスーパー産科医とスーパー助産師

この神話に隠された謎について、さらに究明してみる。

まず愛媛（伊予）の高忍日賣神社の主祭神であるタカオシヒメとそれに従う三柱《みはしら》の命《みこと》（アメノオシヒト・アメノオシオ・アメノオシヒメ）についてである。この三柱はお産を取る名人、安産をもたらす達人たちで、実在したとすれば当時の倭国一の産科医療スタッフであろう。どんな難産でも赤ちゃんを無事に取り上げてみせるという三人で、王家やほかの豪族からの信任がとくに厚かった。

現代でいえば、アメノオシオが中堅の産科医でアメノオシヒメは熟練助産師、アメノオシヒトはお産すべてを統括する産婦人科教授ということになるであろうか。

しかるにトヨタマヒメの出産にいたる過程を、私はつぎのように推察する。

トヨタマヒメは海神・安曇《あずみ》族の姫であるから、舟の移動には特段に慣れている。夫（ホオリ）の本拠地が日向だとすれば、おそらく現在の大分県から宮崎県に舟で豊後水道を南下していたはずだ。もしも産気づくような事態、つまり早産になってしまうことに備え、侍従たちはあらかじめ豊後水道東側の伊予の国の王・アメノオシヒトには事前に一報を入れていたであろう。

妊婦トヨタマヒメご巡航の一報を受けたアメノオシヒトは、よもやのトヨタマヒメの早産に備えて統括する産科医療チームを海岸近くの神社に船頭とともに待機させていたはずだ。そして、いざ妊婦トヨタマヒメが豊後水道を南下した際に、大きなアクシデントに見舞われた。海上の天候が急変して海がしけ、舟が大きく揺れ動き難破しそうになったか、あるいは、どこからかやってきた海賊に襲われたそうになったかもしれない。

そのような不意の事態に、妊婦トヨタマヒメは大きなストレスを受け産気づいてしまった。そして、トヨタマヒメを乗せた舟は日向の鵜《う》戸《ど》神宮あたりの海岸に急遽着岸した。すでにスタンバイしていた伊予の産科医療チームが全速力で駆けつけ、お産をすべて統括する立場のアメノオシヒトは、浜辺で待ち受けていた船大工や漁師に鵜の羽根で急ごしらえの産屋を設営させた。そして産科医のアメノオシオと助産師のアメノオシヒメにトヨタマヒメのお産を取らせた。

ただ、伊予の産科チームはトヨタマヒメの突然の早産に間に合わなかったかもしれない。近代日本になり、明治二二年（一八八九）に裁定された旧皇室典範では、皇族の出産に際しても取り決めがある。それには「皇族の子の誕生に際しては、侍医頭・産科侍医・小児科侍医・女官長・助産婦、その他宿直侍医が奉仕する」とされ、出産の際に万が一の不測の事態に備えて盤石《ばんじゃく》の医療体制を敷くことがうかがえる。

私は、この出産に関する皇室規範を見て、古代の王妃トヨタマヒメの出産の際に伊予のアメノオシヒトが取った緊急医療体制を思い浮かべ、日本のあけぼのの産科医療に対して胸がしめつけられるような強いロマンを感じた。

この「アメノオシヒト神話」は正当なる神職による正当なる伝承であり、いわゆる由来のはっきりしない民間伝承ではない。つまり、お産の場に蟹《かに》が出てきたりして脚色はされているが、記紀での記述との共通点も多く、ある程度の真実を伝えているのではないかと思われる。

掃き飛ばされるほどの小さな蟹を登場させているのは、海辺に急ごしらえで小屋を掘って建てたという状況を強調したかったのと、子どもたちにもこの説話を印象づけたいという先人たちの想いであろう。

さらに蟹が登場する理由はもうひとつある。蛇や蟹という動物は、脱皮をすることで新しく生まれ変わるという生態をもっている。古代での出生とは、人間も蛇や蟹のように生命が新しく再生してこの世に生まれ出てくることを意味していた。そうだとすると、あらたな出生を意味する蟹を掃き飛ばしたということは、安産の守り神をみずから乱暴に放り投げてしまったことになる。

つまり、この説話はトヨタマヒメのお産でなにか不幸が起きることを暗に匂わせているのだ。結局、急遽、海岸の産屋にかつぎ込まれたトヨタマヒメには予測しなかった不幸が起こってしまった。「蟹を掃き飛ばした」という文面は、そのこと、つまり、元気な赤ちゃんが生まれ出なかったことを暗示していると私は推察する。

「箒」に祈ったトヨタマヒメの出産

高忍日賣神社神話のなかの「箒をつくって蟹を掃き飛ばさせ…」というユニークな記述に隠された本当の意味は、ここにはじめて解明されたのではないか。

古代から「箒」というのは、じつは安産祈願の一道具である（一六三ページ参照）。箒というのはモノを掃き出すことが基本的用途だ。掃き出すことは、赤ちゃんが生まれ出ることにつながる。お産がはじまって時間が立っているのに赤ちゃんがなかなか出てこない際に、産床の周囲や産屋《うぶや》の中を箒で掃いたりするという民間伝承は日本各地に残っている。

近代医学としての産科学が発達するまでは、赤ちゃんを外科的に取り出せる帝王切開術や引っ張り出す鉗子《かんし》、吸引分娩という技術は我が国にはなく、お産が極度に長引いた場合にはとにかく安産の神様にひたすら祈るしかなかったのであろう。ただし、陣痛を強めるための漢方薬のようなものはあったかもしれない。

箒を産室に立てかけて、早く出てくるようゲンをかつぐのは、いまでも一部の地域の風習として残っている。我が国の民俗文化はじつにウィットに富んでおもしろい。

コラム

硯という漢字を分解すると石見になる

古代出雲があった地域は、大和王権の成り立ちを調べるうえできわめて重要な地であるが、中央から離れているせいか、その解明は十分とは言いがたい。

近年、邪馬台国や大和の起源説の根強い北部九州から、弥生時代の硯《すずり》の断片が相ついで発掘された。弥生の硯の発見は、我が国での漢字の使用が一気に五〇〇年ほど遡るという古代史の書き換え作業を余儀なくさせることにつながった。

私は、「弥生時代の硯出土」という大きな新聞記事を眺めながら、ふと気づいた。それは、「硯」という漢字を分解すると「石見」になるということだ。じつは、北部九州以外で弥生時代の硯が出土しているのは島根県松江市の田和山遺跡のみで、その西隣が石見地方である。

石見という地名は、同地が弥生時代の硯の主生産地であったことをいまに伝えているのではないだろうか。

第5章

生殖医学からみえる大和の起源

第1節――邪馬台国解明のカギ

邪馬台国は古代のミステリー

各地で講演を行っている際に体感することがある。それは、いわゆる「卑弥呼《ひみこ》ファン」がとても多いことだ。巫女《みこ》王が倭国《わこく》を統治していたことと、いまだに邪馬台国《やまたいこく》が謎のままであることに古代のロマンを感じるのであろう。だが、私はあえて講演にオリジナリティをもたせる意味でも、「邪馬台国は古代ロマンというより、古代ミステリー」だと強調してきた。

その理由を挙げると、

●記紀をはじめとする日本の全古文書に「ヒミコ」の記載がないこと。
●卑弥呼は霊力を使った鬼道《きどう》を用いて衆を惑わすシャーマンであったこと。
●女王卑弥呼はおそらく未婚の高齢で、宮殿に引き籠り男を寄せつけなかったこと。

●「倭国大乱」を女性ひとりの力でまとめることが、はたしてできるのかということ。
●卑弥呼が魏《ぎ》からもらった鏡は、多種で大量すぎてその全体像がわかっていないこと。
●卑弥呼の墓（墳墓）が見つかっていないこと。
●卑弥呼の死には多くの殉死《じゅんし》をともなったこと。

などであろうか。

小説家の松本清張《まつもとせいちょう》は、さすがに邪馬台国を古代ミステリーととらえていたので、彼独特の好奇心の焦点を『古代史疑』（中央公論社、一九六八）でグイと絞り込んだ。逆に言えば、当時の日本を代表する気鋭の推理小説家であった松本清張が謎多い邪馬台国に切り込まなければ、これほど長きにわたる邪馬台国フィーバーは起こらなかったかもしれない。

日本古代史は謎が多くてじつにおもしろい。だが歴史の真実はオンリーワンであるので、歴史探求家は我こそはと謎の解明に勤める。

謎解き論争でもっとも盛り上がるのは、やはり、諸説紛々の邪馬台国所在地論争であろう。「女王卑弥呼はどこにいたのか?」という宣伝文句をつけるだけで、テレビ番組の視聴率は上がり、関連本の販売数がふえる。

箸墓古墳　生殖考古学的には、「子宮」のような形をしているようにみえる。奈良県桜井市

その構図は、箸墓《はしはか》古墳を有する「畿内」と弥生のはじまり「北部九州」の二大対決だ。両者は実力的には、がっぷり四つと思うのだが、報道レベルでは「北部九州」はやや劣勢である。

畿内派は「邪馬台国は前方後円墳がつくられはじめた時代のクニなので、同古墳が最初につくられて数量ともに集中する畿内以外には考えにくい」とする。一方、北部九州派は、「そもそも農耕と鉄器生産を主体とする弥生社会のはじまりと、それにともなう王の誕生は大陸に近い博多湾周辺から近隣部だ」と主張する。

お国自慢や地域復興の要素も加わり、プロアマ問わずだれでもが楽しめるロングランのテーマとなっている。ただ、邪馬台国の王が男性ではなく女性のシャーマンであったという史実が、いわば古代史最大のミステリーをロマン仕立てにしているのであろう。

手塚治虫の「卑弥呼・乳がん死説」を考証する

医師でもあった漫画・アニメ界の巨匠手塚治虫《てづかおさむ》も何を根拠にしたのかはわからないが、卑弥呼を天照大神、弟をスサノオと見立てている。そして高齢であった卑弥呼を、古代ではきわめて稀《まれ》と考えられる乳がんを患った女性として、まことにリアルに描いている。

近年の知見から、遺伝的な乳がんは患者の一割程度にすぎず、出産歴のない女性や、また戦後の食生活の欧米化によって動物性蛋白《たんぱく》・脂肪（とくに加工した肉類と乳製品）を長年多く摂取した女性に乳がんが多いことが明らかになった。わかりやすく言えば、乳がんは都会育ちで背が高く（動物性蛋白を多く摂《と》れば、身長は高くなる）、未婚の中高年女性に多いということになる。最近では、アルコールもリスク因子であることが判明した。これは私自身が、がん専門医のひとりでもあるので、疑う余地のない日本の現状である。

「魏志倭人伝」の記述から推察すると、卑弥呼はおそらく出産歴のない高齢女性であること、さらに彼女は倭国の女王なので当時の最高級のジビエの鹿肉なども毎日のように口にできたと思われる。女王卑弥呼には、乳がんの高リスク因子が少なくとも二つ揃っていることになる。

手塚氏が卑弥呼の終末期を描いた一九八〇年代は、日本では乳がんはまだそれほど多くはなく、肉類や乳製品との因果関係もほとんどわかっていなかった。そのような状況下にあっても、手塚氏が着想した「卑弥呼・乳がん死説」はなかなかリアリティがあり、その後日本で乳がんが急増する状況や少産化を予知していたともとれる。さすがに「世界の手塚治虫」だな、と思わずうなってしまう。

邪馬台国解明のカギは後継者台与

中国の正史から倭国の成り立ちを推定した研究によると、「倭国大乱」は後漢《ごかん》の桓帝《かん》（在位一四七〜一六七年）から霊帝《れい》（在位一六八年〜一八八年）の間であるとされる。そうなると、倭国三〇国余りの小国連合を共立した卑弥呼は、一八九年ごろに登場したことになる。

通常、女性シャーマンの霊能力は若い十代前半に突然発現して周りを当惑させることが多い。つまり、不安定な思春期の自律神経失調が霊力の源泉であろうから、「共立」された女王卑弥呼はまだ十代前半であった可能性が高い。卑弥呼は老齢で亡くなったと「魏志倭人伝」に記されていて、それは二四七年と考えられることから、卑弥呼の死亡年齢は七〇歳前後ではないかと私は推定している。

一方、古代の出雲も強大なクニである。出雲王朝は卑弥呼が「共立」される前まで日本の最大王朝であった可能性がある。ただ、出雲族はもともと縄文系で平和を好む民であり戦争を好まなかったという説もある。出雲はどのようにして当時の日本を統合していたのであろうか。

女王卑弥呼の人生後半は、南の武力国であるクナ国との戦いに疲弊した。そして、二四七年に卑弥呼が亡くなったのちに男王が立てられたが、ふたたび「倭国大乱」となり、倭国はまたもシャーマンの霊力に頼って若い宗女「台与《とよ》」(「壹与《いよ》」とも)を選出する。

だが、卑弥呼の後継者となった台与の足取りと思われる記述はたったひとつしか存在せず、それには「二六六年、倭国の女王、西晋《せいしん》に遣使」と記されているだけという(『晋書』)。

まったく混沌としている邪馬台国所在地問題の解明にあたっては、現在も多くの地名や人名にその名を残す「豊《とよ》」や「伊予《いよ》」を切り口として進めていくべきだと私は考えている。

古代の巫女と自律神経失調症

「魏志倭人伝」に「能《よ》く衆を惑わす」と記された邪馬台国の女王卑弥呼はいったいどのようなふるまいをしていたのであろうか。ネアンデルタール人の遺跡の研究から、旧人であるネアンデルタール人も死者への祈りを行っていたことが判明したことにより、「祈り」という精神性は数万年以上前から人類が保有していたことになる。

古代日本のシャーマンの姿は、現在の東北地方や日本列島の島々にその痕跡を垣間見ることができる。東北のイタコ・ゴミソ・カミサマ、沖縄・奄美のノロ・ユタ・カンカリャ・ムヌス・ニゲーピトウ、トカラ列島のネーシ、対馬の命婦《みょうぶ》、八丈島と青ヶ島の巫女たちがそれにあたる。

対馬の命婦は宮中の女官を意味し、世襲制で現在もその家系は残っている。命婦の職能は神楽と祈禱で、薬の秘法を伝えることもあったという。対馬には卑弥呼のルーツを探るヒントが潜んでいるかもしれない。また沖縄の与那国《よなぐに》諸島は一五世紀末まで外部の影響をさほど受けなかったためか、女性首長が実在して古代とさほど変わらぬ母系社会が維持さ

和多都美神社　竜宮伝説が残されている。本殿正面の5つの鳥居のうち2つは海中にあり、神秘的な雰囲気を漂わせる。長崎県対馬市

れていた。

医師で古代史研究家でもある私は、時には思春期の少女の診療にも携わってきた経験から、謎に包まれた古代の若い巫女の精神や心理について興味をもっている。巫女の研究は女性史学的にもおもしろい分野だ。

世界中の伝統あるシャーマンを調べると、彼女らは月経がはじまる前後の若い少女のころに巫女としてデビューする傾向があり、多くは生涯独身のままだ。女性医学的にいえば、現代においても女性は月経がはじまるころがもっとも神経過敏で、時に家族や教師を悩ませる。引き籠もりがはじまるのも

このころだし、急に反抗的になる思春期と重なる。

つまり、思春期はエストロゲンを主とした女性ホルモンの分泌が盛んになり、少女から大人の女性へと成長していく。異性への関心も急に高まり、人生においてもっとも難しい時期といえるだろう。女性ホルモンの変動によって引き起こされる自律神経の高ぶりによって神経過敏状態になり、思いも寄らぬことを口にしたりすることもある。

たとえば天変地異の予知がたまたま当たれば、周囲が驚いて「あなたにはすごい霊感がある――」ともち上げ、その少女はその地域の巫女（シャーマン）に推挙されるであろう。若い巫女の自律神経の高ぶりは時に強い霊感をもたらし、それが長年常態化していって「能《よ》く衆を惑わす」という記述につながった。科学や医学が未発達な古代社会では霊力や占いに頼らざるを得ず、平均寿命もきわめて短かったので、巫女は早めに養育する必要があった。初潮がはじまるころの巫女の霊力は最高潮に達し、その血筋とキャラクターから、卑弥呼も台与も選ばれたはずだ。

医療の原点の姿は、表意文字である漢字に表れている。医学・医療の「医」の古い字形には、「醫」以外に「毉」（酉の代わりに巫）がある。古代中国では、重い病気の際にシャーマンがやってきて神がかり的に祈祷し、病魔を祓《はら》っていたことが容易に推察される。

古代にあった特別な巫女養成システム

倭国の多くのクニには、「卜部《うらべ》」「占部」という占いを専門に政治を司る大事な部署が存在した。そのなかには、王家の姫を最高位の巫女や斎宮《さいぐう》に養成するための特別な教育システムも存在したであろう。

卑弥呼も思春期のころにはすでにたぐい稀《まれ》なる霊力を身につけ、神がかり的な祈祷とその血筋の裏付けによって、倭国の女王に選出されたのであろう。

「魏志倭人伝」の記述によると、卑弥呼の後継者台与も一三歳で女王になっている。思春期の巫女がときに発揮するすさまじい霊力に対する強い期待感の表れであろう。古代の王家や諸豪族の家系では、そのクニ独自の世襲的巫女養成システムが存在し、その一部は天皇家の斎宮制に名残《なごり》を留めているのかもしれない。

二六名の巫女が一五六九年間絶えまなく歴任した鹿島《かしま》神宮の「物忌《ものいみ》」は、古代祭祀を実録として見事に伝えている。物忌は鹿島の神職の家系から卜定《ぼくじょう》によって選定され、近代化にともなって形骸化したとはいえ、おそらく天皇家に次ぐ世界最長の歴史をもつ占事《うらごと》であ

美保神社　巫女舞は1年365日欠かさず執り行われている。本殿は二殿連棟で比翼大社造りまたは美保造りといわれる。島根県松江市

ろう。

また、国譲り神話の舞台でもある出雲の美保《みほ》神社には江戸時代まで、正統なる巫女の家系が五つあり、男性より高い地位を占めていた。これらの長大な祭祀システムの歴史は世界に類がなく、日本文化の奥行きの深さをまざまざと見せつけている。

古代王家の巫女養成システムでは、神事の儀礼全般の学習や亀卜などの演習に加え、当時の天文学や医学をはじめとする自然科学、農業・漁業など日本列島に起こりうるすべての事象や人びとの営みについても徹底的に学んだであろう。

「知る」ことは、いつの世でもつねに重要で、それをベースに嗅覚《きゅうかく》が働き、直感が湧き出

るのが理想である。国のリーダーには「サイエンス」のセンスが必須であることは、今回の新型コロナパンデミックで見事に露呈した。

岩戸神楽からみえる「大和」の起源

これまで多くの歴史研究家が、古代史においてきわめて重要な「天《あま》の岩戸《いわと》神話」をひもとくことで、邪馬台国の在処《ありか》を推定しようとしてきた。岩戸神楽の原型と伝えられるのが宮崎県高千穂《たかちほ》の「高千穂の夜神楽」である。だが、同神楽のクライマックスに出てくるのは綿津見《わたつみ》の神である。つまり、アマテラスはタカミムスヒ（高皇産霊尊）三三番の最後、夜明けに高木に降誕する神霊だが、じつは最後まで登場しない。そこで大神とされるのは、大綿津見の神（安曇《あづみ》族）である。安曇族は古代の筑紫である博多湾の志賀島《しかのしま》が本拠地の海洋の民で、当時の日本の海岸線をほぼ支配していた。安曇が大神ということは、アマテラスよりも格が上ということであろう。

タカミムスヒと近似性のある高木という地名や高木神社は北部九州に数多く存在し、福岡市の高木は古代の奴《な》国の海岸線に位置し、志賀島に向かい合っている。高木の南に一〇

高千穂神楽（アメノウズメ）　宮崎県高千穂町

タジカラオ　天岩戸神社に建つ。宮崎県高千穂町

キロほど行った那珂川町の岩戸には、岩戸神楽も伝承されている。
博多湾沿岸の安曇族が大和建国の鍵を握っていたことは間違いない。

「卑弥呼の鏡」が鉄鏡なら邪馬台国筑後説が有力

大分県日田《ひた》市のダンワラ古墳（あるいはその近辺）から、古代史の謎を解き明かすかのような豪華な鉄鏡（金銀錯嵌珠龍紋鉄鏡）が一面出土している（一九三三年）ことは、これもまた不思議にも広く知られていない。この弥生中期の金銀を象嵌《ぞうがん》したきらびやかな謎の鉄鏡は、かねてから邪馬台国九州説派のなかで、「魏《ぎ》から卑弥呼に贈られた鉄鏡ではないか」とされてきた国宝級の唯一無二の鏡なのだ。

さて、この鉄鏡に関して、最近、東アジア考古学における大きな進歩があった。魏王朝の礎を築いた三国志の英雄曹操《そうそう》（一五五～二二〇）の墓と公式認定された中国河南《かなん》省の「曹操高陵」から、日田の鉄鏡に近似した豪華な金銀錯嵌珠龍紋鉄鏡《きんぎんさくがんしゆりゆうもん》が出土したのだ。つまり、魏王曹操の鉄鏡とダンワラ古墳の鉄鏡が同系であれば、その希少性から見ても邪馬台国が北部九州（筑後）にあった可能性がにわかに高まるのである。

金銀錯嵌珠紋鉄鏡　直径21.1cm。全面に金で竜文が象嵌されている。大分県日田市、ダンワラ古墳出土

「魏志倭人伝」には、景初《けいしょ》三年（二三九）に魏の皇帝が卑弥呼に「親魏倭王」の金印を贈ったとある。そして今回、中国の研究者がCT（コンピューター断層撮影）で曹操の鉄鏡を撮影して画像を公開した結果、両鏡はともに直系が二一センチとほぼ同じ大きさで、構造や象嵌技法もとてもよく似ていることが判明した。

担当した中国の研究者潘《はん》偉《い》斌《ひん》氏も、この豪華な鉄鏡を卑弥呼が魏の皇帝から下賜された「銅鏡百枚」のなかに含まれた一枚である可能性を指摘した。この日中の共同研究成果は、これまで日本の学者が待ち望んでいた中国の考古学研究の進展を見事に示した一例でもある。

日田市のダンワラ古墳は筑後川流域の東側に位置するので、邪馬台国筑後説の支持率はより高まっている。

第2節──「三種の神器」の謎

「祟り」から何か解明されたのか?

ひところ古代史探求のキーワードとして、「祟《たた》り」がさかんに使われ、まるで怖いもの見たさのような感覚で古代史ファンを魅了した。しかし祟りはダーク・ストーリーとしてはおもしろいが、そこから何か古代史の重要な謎が解明されたのだろうか。

祟りは現代にも暗に生きつづける観念論であり、その概念は必ずしも否定されるものではない。しかし、祟りと科学的に直結する物的証拠が出てくるはずもなく、古代史の祟りブームはほぼ終息した感もある。

それに対して「生殖」は、生命の本質を表し、結果として「子が生まれる」あるいは「子が生まれ出ない」、さらには「母体の生死」という白黒はっきりした物質論を導く。

古代王家の最重要課題は「血の正しい後継」であり、それは「万世一系」として今日までバトンをつなぐ世界的にも稀有《けう》な継承システムなのである。私は、生殖という生命論から古代王家の系譜を解き明かしていくダイナミズムを切に伝えたいという気持ちで、本著を記したのである。

産屋での安産祈願が新嘗祭・大嘗祭の起源か

古代史には、「生殖」つまり子をつくること、産むこと、そして不幸にも産めなかったことにかかわる神話や伝承が非常に多い。したがって、生物にもっとも大事な営みである「生殖」にかかわるストーリーを探求することなくして、謎に包まれた古代史をひもとくことはできない。「生殖」のなかには、たとえば流産のように正常ではない過程や、母体死亡という最悪の結末も、当然含まれるからである。

記紀などの古典では、それらが寓話《ぐうわ》的に描かれ、高度な童話として形づくられているようにもみえる。これらの生殖関連のストーリーは、当初は記憶力の良い若い年代を中心に、注意深く口伝《くでん》として継承されたのではないか。そして、文字が大陸から移入されて定着したあと、建国神話として永遠なものとするために体裁を整えてまとめられたのであろう。

定住型水稲文化の源流とされる東南アジアや中国南部の少数民族には、新穀（稲穂）ができると藁《わら》苞《ぶ》きの穀物倉庫に新生児を布団にそっとくるむように稲を安置し、おごそかに祀《まつ》るという風習がある。この風習は農耕儀礼である新嘗祭《にいなめさい》や大嘗祭《だいじょうさい》の起源であるとの指摘や、藁葺きの穀物倉庫は日本の神社の原点であるとする研究者も存在する。

この祀られる穀物倉庫は日本の「産屋《うぶや》」に似ていると私は考えている。そもそも「受胎」の「胎」の字のツクリ「台」は、豊作を神様に祈る農耕儀礼を表す。妊娠も、神に願う祈りからはじまるので、「胎」は「みごもる」という意味になったという。

産屋は茅《かや》葺《ぶ》きでつくられる。茅はイネ科の植物であるので、稲と茅は姉妹のような関係だ。無事に稲穂が再生し新米ができるまでの過程と、祖霊の魂が再生して妊娠・出産という形でまた新たな生命が産み出される過程に、弥生の民は共通性を見出した。新しい生命に対する祭祀の場として穀物倉庫と産屋が原点になり、両者が結合して神社へと発展していったのではないだろうか。

産屋での安産祈願は、北方アジアの少数民族に似た習慣がある。アムール川流域に住むニブウ族（旧、ギリヤーク族）では、妊婦の産小屋にその夫が安産を促す木彫りの人形を置く習慣が古くからある。これらの木彫り人形は、日本では縄文の土偶に当たるのかもしれない。産屋での祈祷は女性のシャーマンの役割で、北方アジアの狩猟採集民族の習俗とされる。

稲作が定着した弥生時代から古墳時代に移行しても、記紀などには数多くの安産祈願の説話が残されている。出産に対するシャーマンの祈祷の効果は医学的には証明されていないが、疲労した妊婦を励ましたり、はげしい痛みに絶えきれずに不穏《ふおん》状態になった妊婦を落ち着かせる心理的な効果はあったのかもしれない。

なぜ八咫鏡は動かない

さて、令和元年（二〇一九）、平成が終わりを告げて天皇が代替わりする際に、「剣璽《けんじ》等承継の儀」がおごそかに行われたことは我々の記憶に新しい。テレビでの映像で新天皇に剣と璽（勾玉《まがたま》）が粛々として手渡された光景はじつに感動的であったし、新型コロナウイルス感染症の流行前でよかったとつくづく思う。日本にはまだまだ運があると感じた。だが、「剣璽等承継の儀」には不思議さもつきまとう。

それは剣璽承継という儀式名どおり、三種の神器のなかでもっとも権威ある「鏡」がまったくその姿を現さなかったことである。つまり八咫鏡《やたのかがみ》は、祀られている伊勢神宮から持ち出されることもなく、またその形代《かたしろ》（レプリカ）が使われることもないということに、多くの国民は気付いたかもしれない。まさに日本一の不動鏡だ。

八咫鏡はもっとも権威のある神器であることは理解できるが、なぜ鏡だけ動かすことができないのであろうか。それは日本の皇室の大きな謎でもある。

私はこの不思議な謎を生殖考古学的に解き明かしてみた。それは、鏡＝胎盤説である。

三種の神器の成り立ちは生殖考古学的にほぼ説明がつく。

勾玉は胎児であり、剣は男性の生殖器を表しているはずだ。鏡は胎盤を表しているので、

それらの宝物を入れる社殿は母体の子宮であり、社殿に祀られる注連縄《しめなわ》はへその緒をイメージしたものと考えてよいだろう。

さらに境内にある手水舎《ちょうずや》は、お産の際に流れ出る清らかな羊水《ようすい》を意味している。

つまり、八咫鏡は王家の胎盤を表しているので、つねに母胎とともにある不動のものなのだ。胎盤

切手になった鏡　鏡は和歌山県隅田八幡宮所蔵の人物画像鏡で、国宝に指定されている。

は胎児が出たあとに出てくるという出産の大原則が、「剣璽等承継の儀」にも潜んでいるのではないか。つまり、胎児より先に胎盤が出てしまうと死産になることを古代人は知っていたということだ。

新天皇の即位が完了しないうちに鏡を動かすことはせず、さらに王家の魂が再生されるという観念から、鏡は不動としたのであろう。それは永遠なる王室を願う古代の人びとの知恵なののかもしれない。

「鏡＝胎盤説」を支持する福岡の古い習俗

私は医師になったころから、考古学や古代史系の記事を見つければ切り抜いてスクラップファイルとして保存してきた。一九八〇年代の『日本医事新報』に「日本各地の古い習俗」というおもしろい特集記事が連載されていた。そのなかに私の地元である福岡の古い習俗について、つぎのように書かれていた。

「福岡では後産（胎盤）が出ると枕元に鏡を置くという古くからの風習があり、それは現在も一部の地域で残っている」。やはり、古代の筑紫では胎盤と鏡を相同《そうどう》的に考えてきたのであろう。自論「鏡＝胎盤説」を強く支持する希少な伝承である。

さて、中国大陸や朝鮮半島に近い北部九州、とくに博多湾沿岸では数多くの古代鏡が出土しているが、和製鏡のなかでどの地方のものがもっとも古いのであろうか。

国内最古の青銅鏡の鋳型出土を伝える記事　旧奴国の春日市須玖タカウタ遺跡からの出土を伝える『西日本新聞』の記事。

その答えになりそうな発掘が、古代の奴《な》国の地からあった。それを伝える新聞記事には、「福岡県春日市須玖《すく》の須玖タカウタ遺跡から国内最古（紀元前二世紀頃）の青銅鏡の石製鋳型の一部が発掘された。これまでの出土物より一五〇～二〇〇年ぐらい古く、当地で国産鏡が製造されていたことが判明した」と書かれている。

最古の鏡鋳型が出土した須玖タカウタ遺跡は奴国王墓の地からすぐ近くにあり、やはり古代の福岡（奴国・伊都《いと》国）は鏡を神宝とした日本最古の地だったといえよう。古代日本の鏡信仰は博多湾沿岸のクニが起点となった可能性が高く、それは「三種の神器」の謎を解く鍵となるであろう。

「三種の神器」の起源を考える

天皇家の神宝である「三種の神器」は皇位の証《あかし》であり、超国宝級の古代遺産である。現存する王家としては、三種の神器は世界最古のレガリア（ラテン語で「王の物」という意味）であろうし、先般の新天皇即位にあたっては、イギリスのＢＢＣも、「日本の皇室がもつ謎の宝物」というタイトルで報道した。ちなみに、古代中国の王権の象徴である九鼎《きゅうてい》は夏《か》の時代につくられたとされる青銅の鍋釜であるが、周《しゅう》末期に秦《しん》との攻防の際に、泗《し》河《が》の川底に沈んだという。

だが、三種の神器はいつつくられたのかわからず、所有者である天皇家でもだれも実物を見たことがないとされる唯一無二の秘宝である。当然、これらの神器がどのように管理されているかはまったく公表されてなく、この完璧ともいえる永続的秘匿性は、日本が独自の文化を有する神秘の国といわれる所以《ゆえん》でもある。近代日本は西洋文明を取り入れたあと、敗戦と占領という悲劇を乗り越えながらも世界を代表する先進工業国家となったが、

籠神社　国宝「海部系図」を保管している。丹後一宮。京都府宮津市

一方では一三〇〇年以上にわたって国家的神宝を死守してきた希有な伝統国でもある。

そこで、大和の初期王権が三種の神器を選定するにあたっての考え方と、いうものを推察してみた。

つまり、記紀の神武東遷をはじめとしてヤマトタケル伝説にもあるように、大和王権は数百年以上にわたる各地の覇権国とのせめぎ合いや和合によって成立した。おそらく、それは弥生時代の到来とともにはじまり、邪馬台国と大和は名称の近似性からしても連続した移行形態にあったはずだ。そして、六世紀後半に北九州の「磐井《いわい》の乱」を制圧した大和王権がほぼ日本を統制した状況のもとで、それまでの有力な覇権国が独自に保有していた神宝を献上したのであろう。

実例を挙げれば、丹後《たんご》の籠《この》神社の由緒とそれに付随する国宝「海部系図」にもあるように、当時の丹後王国は「一七種の神宝」を保有していたことが明記されている。そして大和の母体となった筑紫（伊都国・奴国）や出雲の神宝はとくに重要視され、それらのなかからもっとも格が高い神宝三種がおごそかに選ばれたはずだ。その選定にあたっては、巫女による卜占《ぼくせん》もあったのかもしれない。

そこで三種の神器の起源をつぎのように考えてみた。

（1）「八咫鏡《やたのかがみ》」は伊都国から

三種の神器のなかで、伊勢神宮に祭られているとされる八咫鏡がもっとも格上（神聖）とされる。福岡の伊都国の王墓平原《ひらばる》古墳から発掘された銅鏡は我が国最大の内行花文鏡《ないこうかもんきょう》であり、すべて破鏡されているが、出土した五面すべてが国宝に指定された。ただ北部九州の古代鏡というローカル性からか、全国的にはあまり知られていないのが不思議であるが、これも三種の神器のもつ秘匿性に起因しているのかもしれない。

この鏡は、その大きさと考古学的背景から、八咫鏡と同一鏡と考える考古学者も多い。博多湾沿岸の伊都国や奴国は大和発祥地説が有力であることからも、八咫鏡は伊都国・奴国起源であるだろう。

（2）「八尺瓊勾玉《やさかにのまがたま》」は出雲国から

胎児に似た形の勾玉を霊力に満ちたものとして神宝としたのは、筑紫か出雲が最初であろう。瓊《に》とは赤い色の玉のことなので、翡翠《ひすい》ではなく赤瑪瑙《めのう》の可能性が高い。弥生時代のもっとも古い玉づくりは出雲で行われたことに加え、出雲の玉造という地の裏手にある花仙山《かせんざん》は、国内でもっとも良質な瑪瑙が採取できる地だ。

八尺とは圧倒的に大きいことを表しているので、八尺瓊勾玉は倭国一大きな赤瑪瑙勾玉だったはずだ。つまり、この勾玉はもともと出雲の神宝であったものが、国譲りの際に大和王権に差し出されたのではないだろうか。

ただ、八尺瓊勾玉丹後説も史書にはあり、弥生後期に隆盛をきわめた丹後地方起源の可能性もある。丹後はニニギの兄弟説のあるホアカリ（ニギハヤヒ）が降臨した地、つまりもうひとつの天孫降臨の地説もある謎めいた古代の要衝である。丹後王国は「倭国大乱」の際に出雲に屈服したとされ、その際に神宝勾玉が出雲王権の手に渡ったのかもしれない。

現在、「八尺瓊勾玉」は皇室に保管されているようだが、どのように管理されているかまったく公表されていない。三種の神器のなかで唯一原物が残っている神宝ともいわれ、とても興味深い。

（3）「草薙剣《くさなぎのつるぎ》」も出雲起源

草薙剣または天叢雲剣《あめのむらくものつるぎ》といわれる神剣は、現在も名古屋市の熱田《あつた》神宮のご神体となっている。ほかの神器と同様に天皇も見たことがないとされるが、素材は銅なのか鉄なのか、また、さびやすい剣はどのように維持・管理されているのかまったく公表されていない。

私には、三種の神器のなかで草薙剣の形状や起源を推察するのがもっとも難しく思えるし、実際にほかの研究者もほとんど絞り込めていない。だが皇位の証《あかし》とする以上、国産の剣であることは間違いないので、いくつかの説を考えてみた。

①そもそも草薙剣はスサノオが出雲国で高志《こし》（現在の北陸地方）の国から攻めて来たヤマタノオロチ（八岐大蛇）を退治した際に大蛇の体内（尾）から見つかった神剣であるので、当時の強国、越の神宝だった（越説）。

②スサノオが草薙剣を高天原《たかまがはら》のアマテラスに献上する『日本書紀』のくだりは、出雲族の大和王権への国譲りを思わせる。出雲の荒神谷《こうじんだに》遺跡から銅剣が大量に出土したこと

埋納されていた銅剣　４列に並んだ同型の銅剣358本がまとまって出土し、世紀の大発見と言われた。島根県出雲市、荒神谷遺跡出土

でも明らかなように、草薙剣は出雲族の神宝であった（出雲説）。
③大和王権の成り立ちから考えれば、この剣はプレ大和であった邪馬台国と対立した南の強国クナ国（九州中南部の部族、熊襲《くまそ》が有力）の神宝であった（クナ説）。同地域の江田船山古墳《えだふなやま》（熊本県、五～六世紀）から国宝となった銀象嵌銘大刀《ぎんぞうがんめいたち》が出土している。
④神剣は大和王権の武力や防御力の象徴であり、敵国の武力のシンボルを神器とすることはあり得ない。したがって、武の神を祀る石上神宮《いそのかみ》もある大和（奈良）の神宝（大和説）。
⑤日本神話に最初に登場する剣は、歴史上重要な意味をもつ。その剣は、イザナギが生まれたばかりの火の神カグヅチを斬り殺した「十握剣《とのつかのつるぎ》」である。十握剣は「伊都之尾張《いつのおはばり》」とも呼ばれることから、倭国の中心地で最古の銅剣鋳型も出土している伊都国でつくられた神宝の剣とも考えられる。「…尾張」という剣の名と熱田神宮がある尾張の地名が共通するのも興味深い（伊都国説）。
ある古代の刀剣を調べた史学的研究によると、草薙剣は細身の白銅製の両刃ではないかとの伝聞があるという。この場合は、神剣の祭祀用としての意義が高まるであろう。一方、

スサノオが十握剣で八岐大蛇《やまたのおろち》を斬った際に刃こぼれしたので、尾の中の剣は銅剣ではなく初期の鉄剣だったとする説もある。「銅か鉄」の結論はまだまだ繰り越しである。

結局、三種の神器のうち二種が出雲の神宝と私は結論づけたが、大和体制論を加味すれば、草薙剣は武具の国「大和」で新たに造り直された可能性もあるとみている。

第3節　銅鐸は何を表すか

出雲の「銅鐸」は「第四の神器」

古代日本の神器としてふさわしい銅鐸《どうたく》について考えてみたい。弥生時代の銅鐸文化圏は、出雲から東の中国地方、四国の東半分、近畿・東海・中部地方にまで広範囲に及び、その中心は出雲であった。それは、奥出雲の加茂《かも》岩倉《いわくら》遺跡から史上最多の三九個もの銅鐸が一度に発見された驚愕の事実により明らかだ。銅鐸は、大和に国を譲った出雲王朝の最高位の神宝だったのであろう。

征服された王朝を象徴する固有の神宝は、征服した王朝によって奪取されるか、無惨にも破壊されたり廃棄させられることが世の常だ。銅鐸は三種の神器には組み入れられることはなかったが、古代出雲王朝が誇った権威は現代人の我々の想像をはるかに超えたものだったはずだ。

私は、日本の礎を創った出雲王朝に対する敬意の念から、銅鐸は古代日本を象徴する「第四の神器」と位置づけたい。

「銅鐸」も子宮をイメージしている

じつは、銅鐸は生殖考古学的に大きな意義がある。出雲の東、伯耆《ほうき》国から出土した弥生土器には、木の枝に吊るされた二つの銅鐸が描かれていて、銅鐸の起源はサナギをイメージしたものではないかという説がある。サナギから蝶《ちょう》や蛾《が》が生まれることを古代人は不思議がり、サナギを神聖化した。そして、サナギのイメージで銅鐸をつくって、出産や作物の豊作を祈ったのではないかというものだ。

実際に長野県の諏訪《すわ》大社の重要な神事では、「佐奈伎鈴《さなぎすず》」と呼ばれる銅鐸に似た形状の祭祀具（鉄鐸）を用いて音を鳴らす。諏訪《すわ》大社の御祭神のタケミナカタは、出雲のオオクニヌシの息子であった（『古事記』）。

また、サナギという地名も全国には数か所残っていて、古代の銅鐸生産地であった可能性を秘めている。中空で中に入れ子がある銅鐸は妊娠した子宮の形にもどこか似ており、そのような意味で銅鐸を神宝化したと私は考えている。

「先進医療」が出雲を王国に

その銅鐸を神宝としたのは出雲王朝である。加茂岩倉遺跡の発掘や出雲大社を再考する動きから、最近は「大和の前は出雲だった」という認識が一般の古代史ファンまで広がりを見せている。だが、なぜ出雲が日本列島で最大の勢力となり得たのだろうか。その理由はいまひとつはっきりしていないので、自説を述べたい。

最近の出雲再評価の動きから古代史研究者間で熟成されてきたのは、「出雲は祭祀によって古代日本をほぼ統一していた」という考え方だ。その要因は、おそらく民俗学的定説となっている出雲独自の「龍蛇神信仰」に加えて、縄文時代からつづく祖霊信仰を基盤としたオオナムチノカミ（大己貴神、大国主命の別名）への信仰であろう。

だが信仰や祭祀だけでは、すでに系統的稲作が広がってできた「瑞穂《みずほ》」のクニに住む人民に実利はない。

抜きんでた「なんらかの先進文化」が出雲にないとクニグニは統一できないはずだ、と

加茂岩倉遺跡出土の銅鐸　加茂岩倉遺跡から出土した銅鐸は全39個、45cm前後の銅鐸20個、30cm程度のものが19個であった。

私は推察する。その先進文化・先進技術とはなんであろうか。私は、当時の出雲の先進文化は「青銅器」「酒」「医薬品」という三大生産技術ではなかったかと考えている。

出雲では青銅器のみならず鉄器も製造していたはずであるし、酒造に関しては稲作とほぼ同時に中国大陸から秦氏《はた》らによってその技術が持ち込まれた。記紀に残る「日本で最初につくられた酒」は、スサノオノミコトが八岐大蛇を倒すためにつくらせた「八塩折之酒《やしおりのさけ》」であり、日本での酒造の起源が出雲にあった可能性を示唆している。

医薬品に関しても、古代の医薬の神で

あるスクナヒコが出雲族であることからして明らかだ。日本各地に残るスクナヒコの伝承は、出雲の医薬品と各地の物産品との盛んな交易が行われていたことを物語っている。日本に先住した縄文人の知恵と渡来した大陸文化の融合によって、あらゆる動植物から多種の漢方薬を製造していたのだろう。酒はアルコールなので、消毒や鎮静などの医薬に通じる。

オオナムチノカミ信仰のもと、高いレベルの製銅・製鉄技術と医薬の充実、そして高品質の酒づくりによって、出雲は日本を支配したであろう。これらの伝承は出雲の旧家には根強く残っており、古代出雲王朝文化の三種の神器は「青銅器」「薬」「酒」であり、その交易力によってもっとも影響力のあるクニになったのではあるまいか。

なぜ御璽は「三種の神器」になれなかったのか？

世界最古の印章は紀元前三五〇〇年ごろのメソポタミアの円筒印章とされ、文字ではなく祭祀の様《さま》が描かれたレリーフだ。中国では紀元前五世紀の戦国時代の王たちがこぞって「ハンコ」をつくったのがはじまりとされ、古代日本はその影響を強く受けた。

天皇だけが使うことを許される印である御璽《ぎょじ》は、「天皇御璽」と刻された天皇の金製の御印のことである。また、「大日本国璽」と刻された国印である国璽《こくじ》がある。御璽・国璽は天皇が皇位を継承された証として、「剣璽《けんじ》等承継の儀」で剣璽（宝剣と勾玉）とともに承継される、いわば「第四、第五の神宝」であろう。

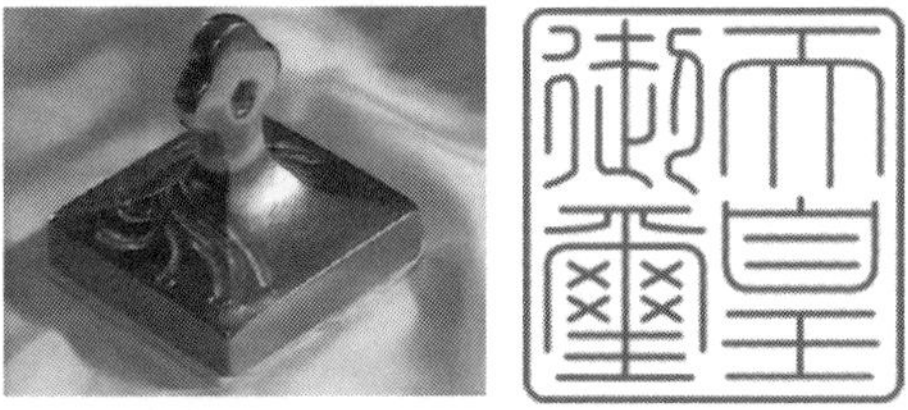

御璽と印　剣璽等承継の儀で使用された。

公式記録によれば、令和元年に新天皇となった徳仁《なるひと》天皇は、初代神武天皇から数えて第一二六代目の天皇となった。多くの国民は代替わりの際の「剣璽等承継の儀」で、はじめて御璽・国璽の（おそらく）実物をテレビ中継で拝見することができたのではないだろうか。

そこで、かねてから不思議に思っていたのは、「なぜ天皇だけの特別な印鑑である御璽は三種の神器のひとつになれなかったのだろうか」という素朴な疑問である。

古代中国の秦《しん》では玉璽《ぎょくじ》を帝権の象徴としている。御璽も天皇の証であり、その起源は飛鳥時代とされているが、それ以前から御璽は存在したはずだ。私が住む福岡市の志賀島《しかのしま》から出土した「漢委奴国王印」（一世紀）という金印（国宝）が、文字がなかったとされる当時の日本人に与えた影響は計り知れないものがあり、そのインパクトが現在までつづいている日本人の「印信仰」に連綿とつながっているのかもしれない。

精度の高い道具が好きな日本人の特性からして、古代でも金印や銀印は十分につくれたはずであるが、なぜか神器のひとつにはなれなかったのだ。

御璽が神器になれなかった理由は、古代の日本人の文字に対する観念ではないだろうか。たとえば古墳であるが、日本が世界に誇れる古代遺産の代表は大山《だいせん》古墳（仁徳天皇陵）をはじめとする巨大古墳であろう。多くの西洋人は、小さな日本人が世界一大きなお墓をつくったことに驚嘆の声をあげる。

しかし、これまでの発掘では、偉大なる陵墓群やそのほかの墳墓内の玄室《げんしつ》などには、「墓誌《ぼし》」というものがまったく出てこないのである。

墓誌とは、ここにだれが眠るのか、その人は生前どんな行いをしたのかを簡潔に記した文を石に刻んだものである。権力を思いのままにした王や豪族が眠る墳墓に墓誌がないという不可解さも、古代日本の大きな謎のひとつであり、古代の中国や朝鮮半島の墳墓との大きな違いである。

つまり、古代の日本人は象形《しょうけい》文字に近い「漢字」という革新的なコミュニケーション手段を全面的に受け入れ、「ヤマトことば」を漢字で記しはじめたが、「それは自分たちのオリジナルではない」ことを十分に認識していたのである。

それが、御璽を神器にしなかった理由ではないか。そのアイデンティティは、その後の聖徳太子が中国の皇帝に「日《ひ》出《いづ》る処《ところ》の天子、日没する処の天子に致す。恙《つつが》なきや」と一筆したためた独立心につながっていくことになる。

御璽を四番目の神宝とした理由

漢字が移入されて間もない古代日本の支配者たちは、祖霊の世界や秘匿事項が文字というもので永遠に残されることに対する強い畏れがあったはずだ。精神や事象のすべてを記せる漢字という表意文字は脅威に思えた。

つまり外国語である漢字を、王権が全面的に受け入れて安易に使ってしまえば、倭国は「属国」「傀儡《かいらい》政権」と誤認されるような事態となるのを恐れたのかもしれない。当時の倭国には、縄文文化が社会基盤にしっかりと根を張っていたからだ。

要約すると、一世紀の金印が奴国の志賀島で出土している事実からみても、三世紀以降の邪馬台国〜大和王権初期には漢字を使った御璽はつくられたはずだ。それは国産の日本一大きく豪華な金印であろう。

しかし、まだ和製文字がない時代、印となると漢字を使うしかない。漢字は中国の表意文字であり、国産の大和王権の認証としては誤解を招く。だから、三種の神器のひとつに御璽を入れこむことは、はばかられた。

そこで、格を下げて、御璽を「第四の神宝」として祀ったと私は推察する。

天孫降臨の謎

だれも探ろうとはしない、じつはもっとも不思議で不可解な古代の謎がある。それは天《てん》孫降臨《そんこうりん》である。そもそも「万世一系」という日本固有の継承システムは、天孫降臨を起点としているのだ。女神とされる皇祖神、アマテラスオオミカミは、三種の神器を孫のニニギ（瓊瓊杵尊）に授けたという古代王家最大級のビッグイベントだ。三種の神器は大王の象徴であり、日本統治の全権を表す最高位の神宝である。アマテラスはなぜ息子のアメノオシホミミ（天忍穂耳尊）ではなく、孫のニニギに全権を与えたのであろうか。息子ではなく孫に託した理由はなんだったのだろうか。
一般的に親が全財産を息子に譲らず、すべて孫に相続させるということは、通常あり得ることではない。何ももらえなかった息子が、怒り心頭に親に反逆してもなんらおかしなことではないのだが、記紀にはそのような記述はまったくない。これほど謎に満ちた大和創成期の王権の継承であるはずなのに、これまでの長い歴史過程において、それに真摯《しんし》に向かい合った考証はなされていない。

ただ、記紀の記述から推察した説は存在する。それは、アマテラスオオミカミの長男アメノオシホミミはもともとスサノオの長男であったが、姉のアマテラスオオミカミが引き取ったと解釈する説である。つまり、アメノオシホミミはアマテラスの本当の息子ではなかったという推理だ。

つぎに、アメノオシホミミは、宿敵あるいは前王権の出雲を攻め滅ぼすよう命じられたが、結局攻略できずに退散または出雲に捕われたという説である。そこでわたしは、両説を結合させ、「アメノオシホミミノミコトはアマテラスの真の息子ではないうえに、出雲の制圧に失敗して幽閉された。時期を待って若々しい孫ニニギに全権を与えた」と考えた。

天孫降臨というひとつ飛ばしの大胆な世代交代からわかることは、大和創成期最大の敵は前王権の出雲であって、その制圧はアメノオシホミミとニニギの親子二代にわたってなし遂げられたということであろう。親子であるアメノオシホミミとニニギは、名前が大きく異なるのが不可解であり、天孫となっているニニギの出自についても、さらなる探求の余地はあると言える。要するに「ニニギがゲームチェンジャー」になった点は間違いないだろう。

おわりに

神話からはじまる古代史には、妊娠や出産にまつわる悲喜こもごもの説話が数多く存在する。そもそもイザナギ・イザナミ夫婦の国産み・神産みからはじまる日本神話は、二人の最初の子は蛭子《ひるこ》による流産で、最後はイザナミがお産の際に大火傷《おおやけど》で亡くなるという、まさにどろどろした生殖医学、つまり産婦人科領域の話なのである。

洋の東西を問わず母体死亡は近代化以前まで女性の死因の第一位であった事実からも、イザナミという女神の母体死亡という最悪の結末からはじまっている日本神話の意義にわれわれはもっと注目すべきであろう。『古事記』も基本的には女性の立場から書かれている史書だとされる。しかしながら、これまでの古代史研究では生命の本質を問う「生殖医学」は異分野で畑違いと判断されてきたようだ。

歴史探究という文系的スタディの弱点のひとつは医学的アプローチであろう。しかるに女王卑弥呼《ひみこ》の邪馬台国論争も喧々諤々《けんけんがくがく》の様相がつづき、混沌としたままである。邪馬台国は古代のロマンというより、女王のミステリーと位置づけたほうが論争の出口が見えてくる。本稿には、邪馬台国解明のカギは卑弥呼の後継者台与が握っていると記した。

本著は、「真実はひとつ」という理系的命題をもとに「生殖医学・女性医学」から考古学~古代史の分野を横断的にとらえた学際的研究書であり、読者には、現代人の眼差しで古代を見つめ直していただきたい。生殖医学の視点によって古代の人間社会のあり方がおぼろげに見えてくるであろうし、それは、われわれ現代人が考える以上に心豊かなものであったはずだ。ゴリラ研究で世界的に有名な山極寿一さん（前京都大学総長）は、人類学の研究に不可欠なのは「研究者の類推能力」だと言っている。

縄文文化が最近やっと熱く語られるようになったのは、最新のゲノム研究が、現代日本人に縄文人の遺伝子が確実に受け継がれていることを証明したことも要因であろう。遺伝子はウソをつかない。古代史を生命の本質からとらえるアプローチは未踏のルートであり、私はそれを「生殖考古学」と名づけた。妊娠・出産という女性にとって最大の喜びが、逆にもっとも死に直結していたネイティブな時代である古代をひも解き、生殖医学から神社の成り立ち論を唱えた。現代の病でもある「引き籠り」は、古代の人びとから見ると、まるで胎児に戻る現象であっただろう。

また本著によって自説「神社は妊婦を表している」が一歩進展を見せ、閉ざされていた古代の産屋の戸が少しずつ開けられていけば、筆者として本望である。神功皇后《じんぐうこうごう》伝承や「天孫降臨《てんそんこうりん》」に隠された謎には歴史学者も意外に気づいてなく、生殖考古学的に一石を投じたつもりである。また、本著では、世界から奇異の目でもみられる「三種の神器」の存在と、おごそかな「剣璽《けんじ》等承継の儀」の成り立ちを生殖考古学的に推論した。

私はかねてからイメージしていたのだが、綿津見《わたつみ》のトヨタマヒメとタマヨリヒメ姉妹は卑弥呼と台与《とよ》の姻戚関係を連想させる。大和発祥の秘密を知るであろうトヨタマヒメの出産にからむ不思議な説話や妊婦・神功皇后の出産伝承はまさに生殖考古学の醍醐味である。

生殖医学の観点から古代に光をあてると、日本人の基層となっている縄文文化の本質や、神話の世界と見なされてきた出雲や大和の真実をも見えてくる。古代の謎を解く鍵が入った土器は、専門分野と専門分野の狭間に深く埋まっていたのだ。

最後に本著の出版につきまして、敬文舎の柳町敬直さんにたいへんお世話になりましたことを末尾に記させていただく。

【参考文献・引用文献】

・『Nature』二〇一六、五、二五付
・『Science』ドイツ・マックスプランク研究所報告、二〇一〇
・安藤礼二『列島祝祭論』作品社、二〇一九
・池谷和信編『ビーズでたどるホモ・サピエンス史』昭和堂、二〇二〇
・井槌邦雄『産科の了見』一粒書房、二〇一七
・鵜飼幸雄『八ヶ岳西麓の縄文文化――二つの国宝土偶と黒曜石の里』敬文舎、二〇二二
・江本精『生殖医学から古代の謎に迫る』勉誠出版、二〇一八
・江本精「生殖医学から観た古代日本」『大塚薬報』第七〇一号、二〇一四。
・藤井讓治『天皇の歴史5　天皇と天下人』講談社、二〇一一年。
・遠藤正敬『天皇と戸籍』筑摩書房、二〇一九
・大島直行『縄文人はなぜ死者を穴に埋めたのか』国書刊行会、二〇一七
・大林太良『葬制の起源』角川選書、一九七七
・岡田育穂編集『アニマル・ジェネティックス』養賢堂、一九九五
・オーブリー・バール著、五十嵐洋子訳『ストーンサークル―不思議な巨石群』主婦と生活社、一九九八
・加来耕三『刀の日本史』講談社、二〇一六
・梶田昭『医学の歴史』講談社学術文庫、二〇〇三
・河合信和『人類進化99の謎』文藝春秋、二〇〇九
・河合隼雄『神話の心理学』大和書房、二〇〇六・「国立歴史民俗博物館報告」第一五四集、

二〇〇九
・斎木雲州『出雲と大和のあけぼの』大元出版、二〇〇七
・堺屋太一『戦国時代の組織戦略』集英社、二〇一四
・篠田謙一『日本人になった祖先たち』NHKブックス、二〇一九
・ジャレド・ダイアモンド著、倉骨彰訳『銃・病原菌・鉄』草思社、二〇〇〇
・ジェネビーブ・ボン・ペッツインガー著、櫻井祐子訳『最古の文字なのか?』文藝春秋、二〇一六
・ジュールズ・キャシュフォード著、別宮貞徳監修、片柳佐智子訳『月の文化史』柊風舎、二〇一〇
・白川静『漢字の体系』平凡社、二〇二〇
・新村拓『出産と生殖観の歴史』法政大学出版局、一九九六
・鈴木棠三『日本俗信事典　動物編』角川ソフィア文庫、二〇二〇
・ダニエル・L・エヴェレット著、松浦俊輔訳『言語の起源』白揚社、二〇二〇
・手塚治虫『火の鳥黎明編』角川書店、一九八六
・トゥキュディデス著、小西晴雄訳『歴史』ちくま学芸文庫、二〇一三
・フィリップ・シャルリエ著、吉田春美訳『死体が語る歴史　古病理学が明かす世界』河出書房新社、二〇〇八
・日向数夫『新装版　古代文字』グラフィック社、二〇一四。
・松木武彦『縄文とケルト――辺境の比較考古学』筑摩書房、二〇一七
・宮城弘樹『琉球の考古学――旧石器時代から沖縄戦まで』敬文舎、二〇二二
・宮田登『女の霊力と家の神』人文書院、一九八三

・山岸良二『古代史の謎はどこまで解けたか』ＰＨＰ新書、二〇〇六・横田喬『反骨のＤＮＡ
時代を映す人物記』同時代社、二〇二〇
・吉田大洋『謎の出雲帝国』徳間書店、一九八〇
・ルース・ベネディクト著、長谷川松治訳『菊と刀』講談社学術文庫、二〇〇五
・和田浩一郎『古代エジプトの埋葬習慣』ポプラ社、二〇一四
・渡辺仁『縄文式階層化社会』六一書房、二〇〇〇

【写真協力者一覧（五十音順）】

・安座間（青山）奈緒
・旭化成株式会社
・伊都国歴史博物館
・井戸尻考古館
・宇美町役場
・宇美八幡宮
・大原神社
・沖縄県立美術館博物館
・香芝市教育委員会
・嘉麻市教育委員会
・久万高原町教育委員会
・佐久穂町教育委員会
・椎葉村観光協会
・志賀海神社
・滋賀県教育委員会
・島根県教育委員会
・外ヶ浜町教育委員会
・高忍日賣神社
・多賀神社
・田原本町教育委員会
・茅野市尖石縄文考古館
・対馬観光物産協会
・十日町市教育委員会
・直方市観光物産振興協会
・福知山市教育委員会
・福生市教育委員会
・北杜市教育委員会
・南アルプス市教育委員会
・若松恵比須神社
・若松区役所総務企画課
・ColBase（https://colbase.nich.go.jp/）
幻想 / PIXTA
Y.BLUE / PIXTA
4ChaN / PIXTA

写真使用につきましては、十分に注意をしたつもりですが、お気づきの点などございましたら、編集部までご連絡ください。

古代びと、祈りの風景
——生殖医学からのアプローチ——

2023年11月15日　第1版 第1刷発行

著　者　　江本 精
発行者　　柳町 敬直
発行所　　株式会社 敬文舎
〒160-0023　東京都新宿区西新宿3-3-23
ファミール西新宿405号
電話　03-6302-0699（編集・販売）
URL　http://k-bun.co.jp
印刷・製本　中央精版印刷株式会社

造本には十分注意をしておりますが、万一、乱丁、落丁本などがございましたら、小社宛てにお送りください。送料小社負担にてお取替えいたします。

Printed in Japan ISBN978-4-911104-02-6